인권을 틀어 그린

KB164888

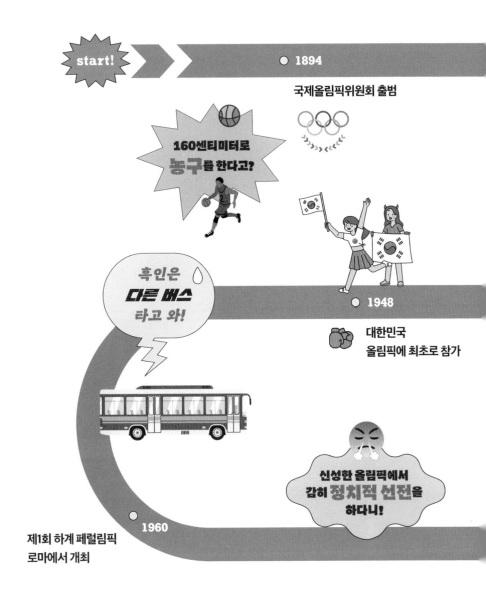

start!

1894
국제올림픽위원회 출범

160센티미터로
농구를 한다고?

흑인은
다른 버스
타고 와!

1948
대한민국
올림픽에 최초로 참가

신성한 올림픽에서
감히 정치적 선전을
하다니!

1960
제1회 하계 페럴림픽
로마에서 개최

차례

신장이 아닌
심장으로

농구는 키순이
아니라고!

#NBA에서
가장 작은 선수

사교성					
천재성					
노력					
행복					
수명					

NBA의 작은 거인
먹시 보그스

1965~

미국 메릴랜드주 출생
농구 선수, WNBA 감독

특이사항

폭발적인 점프력, 압도적인 스피드
지독한 연습 벌레, 대학 명예의 전당 헌액

한국 성인 남성 키의 평균보다 훨씬 작은 160센티미터짜리 프로농구 선수가 있었다면 믿을 수 있나요? 그것도 한국이 아닌 세계 최고의 리그인 미국프로농구협회(NBA)에서 주전 선수로 뛰었다면요?

미국의 농구 선수 타이론 커티스 보그스는 키가 160센티미터로 NBA 역사상 최단신 선수입니다. 본명보다는 '먹시 보그스'라는 애칭으로 많이 알려져 있어요. 1980~1990년대에 NBA에서 14년 동안 889경기에 출전해 경기당 평균 7.6어시스트, 1.5스틸을 기록했죠. 1995년에는 현대자동차 엑센트의 TV 광고 모델로 출연해 과거 국내 팬들에게도 익숙한 얼굴입니다.

신장이 매우 중요한 농구라는 종목에서 보그스는 어떻게 성공할 수 있었을까요? 키가 작다는 불리한 조건과 선입견에 맞서 보그스는 평생 자신의 실력을 기르고 입증해야 했습니다. "키가 농구의 전부는 아니다. 키 큰 사람보다 더 많이 노력한다면 누구든 NBA 스타가 될 수 있다"라는 보그스의 말은 언뜻 평범해 보이지만 그의 부단한 노력을 만나 위대한 진리가 되었습니다.

고등학교 시절 60연승의 신화

1965년 미국 메릴랜드주 볼티모어에서 태어난 보그스의 가정 환경은 불우했습니다. 마약 중독자였던 아버지는 보그스가 10살 때 무장 강도 혐의로 징역 20년형을 선고받았죠. 그래서 보그스에게 농구는 자기 존재를 입증할 수 있는 유일한 무기이자 탈출구였어요. 8살 때 농구를 시작한 보그스는 농담 삼아 자신의 가족을 '5명의 난쟁이 가족'이라고 불렀어요. 가족 모두 키가 작았기 때문이죠. 그래서 그는 성장이 멈췄을 때 놀라지도 않았고 오히려 덤덤했다고 합니다. 그런데도 많은 스포츠 중에서 농구를 선택했다니 정말 놀랍죠? 보그스는 농구를 좋아했지만 늘 따돌림을 당해야 했습니다. 친구들은 키가 작은 보그스와 같은 팀이 되고 싶어 하지 않았죠. 그래서 더 악착같이 연습한 보그스는 키는 작지만 몸싸움에서 밀리지 않는 힘을 갖췄고, 드리블은 또래 친구들보다 언제나 한 수 위였습니다.

보그스가 본격적으로 이름을 알린 시기는 폴 로렌스 던바 고등학교에 다닐 때입니다. 보그스는 레지 윌리엄스, 레지 루이스라는 동료 선수들과 함께 60연승이라는 전설을 썼습니다. 1981~1982년 시즌에는 29승, 1982~1983년 시즌에는 31승을 올린 던바 고등학교는 2년 동안 그야말로 천하무적이었어요. 2년간 단 한 번도 진 적이 없었다니 정말 대단하지 않나요? 던바 고등학교 농구 팀은 당대 미국 최고의 고등학교 농구 팀이었습니다. 그럼에도 보그스는 늘 편견에 시달려야 했습니다. 사람들은 그의 실력을 눈으로 보고도 믿지 않았어요. '프로 선수로는 못 뛸 거야', '아무리 실력이 뛰어나도 키가 작으면 안 돼', '고등학교 때까지만 통하겠지' 등등의 편견이었습니다.

1981~1982년 시즌의 결승전 상대 팀은 캠든 고등학교였습니다. 캠든 고등학교 농구부는 '캠든의 검은 표범들'이라고 불리며 5년 동안 홈경기에서 단 한 번도 지지 않았던 고교 랭킹 1위 팀이었습니다. 경기가 열린 날, 장내 아나운서가 선발 출전 선수들을 소개할 때 보그스를 '던바 고등학교의 스타'라고 부르자 캠든 고등학교 체육관을 꽉 메운 관중들은 큰 웃음을 터뜨렸습니다. 심지어 캠든 고등학교의 선수들도 재미있다는 듯 자기들끼리 쳐다보며 웃을 정도였죠. 어릴 때부터 키가 작았던 보그스에게 그런 웃음은 낯설지 않았습니다. 상대방에게 얕보일수록 마음을 다잡았죠. 보그스는 캠든 고등학교의 에이스인 빌리 톰슨

의 발을 철저히 묶었습니다. 그의 공을 무려 아홉 번이나 가로채며 9점밖에 득점하지 못하게 했죠. 경기 결과는 어땠을까요? 84대 59로 던바 고등학교가 압도적인 승리를 거뒀습니다. 불과 2시간 전 보그스를 비웃었던 관중들은 경기가 끝날 무렵에는 보그스의 이름을 부르며 환호했습니다. 어릴 적부터 실력으로 편견을 깨부숴야 했던 보그스에게는 관중의 뒤바뀐 반응도 익숙한 것이었습니다.

던바 고등학교 재학 시절의 보그스

먹시 보그스

최고가 되었던 대학 시절

1983년 보그스는 4년 전액 장학금을 제안한 웨이크 포레스트 대학교로 진학했습니다. 그런데 대학 진학 후 첫 1년은 슬럼프와 방황의 시기였습니다. 새롭고 낯선 환경에 적응하기도 힘겨웠고, 학업도 쉽지 않았습니다. 1학년 내내 방황하며 경기에 나서지도 못한 보그스는 고민 끝에 자퇴를 결심했습니다. 그러나 대학을 그만두고 농구를 포기하면 어머니가 크게 상심할 것 같다는 생각이 들었죠. 보그스는 다시 농구에 전념하기로 마음을 다잡고 2학년 때부터 경기에 출전했습니다. 이후 3년간 경기당 평균 14.8득점, 9.5어시스트, 3.8리바운드, 2.4스틸이라는 놀라운 기록을 남겼습니다.

1986년은 보그스에게 최고의 한 해였습니다. 농구 명문인 노스캐롤라이나 주립 대학교와의 경기에 **포인트 가드**로 출전해 최고의 활약을 펼쳤거든요. 그는 이 경기에서 코트를 쥐락펴락하며 20득점, 17어시스트를 기록했습니다. 보그스 자신도 인생

🔍 지식 더하기 ⊗ ⊖ ⊙

포인트 가드
포인트 가드는 팀을 리드하면서 다른 선수에게 공을 공급하는 플레이 메이커 역할을 수행하는 포지션입니다. 그래서 몸이 민첩하고 상황 판단이 빠른 선수가 주로 포인트 가드를 맡습니다.

최고의 경기로 꼽을 정도였죠. 같은 해 스페인에서 세계농구선수권대회가 개최되었는데, 노스캐롤라이나 주립 대학교와의 경기로 일약 스타로 떠오른 보그스는 미국 농구 대표 팀에도 선발되었습니다. 이 대회에서 미국은 결승전에서 소련을 87 대 85로 이기고 우승을 차지했습니다. 그는 결승전에 출전하지는 못했지만, 브라질과의 준결승전에서 12득점을 올리며 미국의 우승에 기여했습니다.

웨이크 포레스트 대학교 재학 시절 보그스는 ACC(Atlantic Coast Conference, 미국 동부 연안에 있는 10개 주의 15개 대학이 속해 있는 대학 스포츠 리그)에서 어시스트(781개), 가로채기(275개) 1위를 기록하며 최고의 포인트 가드로 활약했습니다. 당시 ACC에 속한 듀크 대학교는 상대 팀을 압박하는 응원으로 악명이 높았는데, 보그스가 있는 웨이크 포레스트 대학교와의 경기에서만은 달랐습니다. 듀크 대학교 응원단은 보그스의 플레이에 경의를 표하며 기립박수를 보냈어요. 그만큼 보그스는 모두가 인정하는 최고의 포인트 가드였습니다. 웨이크 포레스트 대학교는 '웨이크 포레스트 스포츠 명예의 전당'의 대학 역사상 최고의 포인트 가드에 보그스의 이름을 올렸습니다.

NBA에서의 시련과 영광

보그스는 1987년부터 NBA의 농구 선수가 되었습니다. 1987년 NBA 드래프트 1라운드에서 12번째로 워싱턴 불리츠(현재의 워싱턴 위저즈)의 지명을 받았죠. 그런데 그의 입단은 끊임없는 논란거리였습니다. 당시 워싱턴 불리츠에는 키가 2미터 31센티미터로 NBA 역대 최장신 선수였던 마누트 볼이 있었습니다. 전문가들은 워싱턴 불리츠가 최장신인 마누트 볼과 최단신인 보그스를 함께 세우는 볼거리를 제공해 표를 팔려 한다고 비난했습니다. 이렇게 좋지 않은 여론에 시달린 보그스는 데뷔 시즌 경기당 평균 20.6분을 뛰며 5득점, 5.1어시스트, 1.6스틸만을 기록했습니다. 좋지 않은 성적 탓에 마케팅을 위해 보그스를 뽑은 것이 아니냐는 비난은 더욱 거세졌죠.

그러다가 보그스에게 기회가 찾아왔습니다. 1988년 샬럿 호네츠라는 농구 팀이 창단된 것입니다. 속공을 주 무기로 한 빠른 농구를 추구하던 샬럿 호네츠는 보그스가 필요했습니다. 이렇게 해서 창단 멤버로 샬럿 호네츠에 합류한 보그스는 서서히 잠재력을 발휘하기 시작했습니다.

1991년부터 앨런 브리스토 감독이 팀의 사령탑을 맡으며 보그스의 실력은 제대로 꽃을 피웠습니다. 앨런 브리스토 감독은 빠르고 효율적인 패스로 상대 팀을 돌파하는 '패싱 게임'을 추

워싱턴 불리츠 시절의 **먹시 보그스**와 **마누트 볼**

구하는 감독이었거든요. 패싱 게임에는 보그스처럼 민첩하고 어시스트 능력이 뛰어난 포인트 가드가 꼭 필요했습니다. 1991년에는 포워드인 래리 존슨, 1992년에는 센터인 알론조 모닝이라는 뛰어난 선수도 영입되었습니다. 보그스에게도, 샬럿 호네츠에게도 전성기의 시작을 알리는 신호탄이었죠. 두 선수의 합류는 보그스가 마음껏 공을 뿌리며 팀을 이끌 수 있도록 해주는 마지막 퍼즐이었습니다.

보그스는 어시스트와 스틸에서 NBA 정상급 포인트 가드로 발돋움했습니다. 1990년대 초반 샬럿 호네츠가 NBA를 대표하는 인기 구단으로 전성기를 누릴 때, 앨런 브리스토 감독은 "보그스가 없다면 래리 존슨과 알론조 모닝도 빛을 잃을 것"이라며 보그스를 극찬했습니다.

1990년대 후반이 되자 보그스의 전성기도 점차 막을 내렸습니다. 1997~1998년 시즌 도중 샬럿 호네츠에서 골든스테이트 워리어스로 트레이드된 보그스는 예전만큼의 활약을 보여 주지 못했고, 1999년 토론토 랩터스로 이적한 뒤 2000~2001년 시즌을 마치고 은퇴했습니다. 현재 보그스는 자신의 이름을 딴 '먹시 보그스 가족 재단'을 설립해 청소년의 생계, 교육 및 직업 훈련을 지원하고 있습니다.

보그스의 생존 비결

아무리 체력과 기술이 뛰어나다 하더라도 160센티미터의 단신이 NBA에서 살아남는다는 것은 쉬운 일이 아니었을 것입니다. 보그스가 NBA에서 14년 동안 활약할 수 있었던 비결은 무엇일까요? 보그스는 키가 작은 대신 힘과 운동 능력이 뛰어났습니다. 엄청난 활동량으로 코트를 누볐죠.

포인트 가드는 코트 위의 사령탑으로서 공격은 물론 수비 1선을 책임집니다. 그래서 포인트 가드에게는 전진하거나 후퇴하는 움직임뿐만 아니라 사이드 스텝, 즉 양옆으로 가는 움직임도 상당히 중요하죠. 보그스는 전후와 좌우로 빠르게 움직이는 스텝과 힘을 바탕으로 상대 선수에게 쉽게 돌파를 허용하지 않았습니다. 경기 내내 가로채기와 <u>더블 팀 수비</u>를 시도했기 때문에 NBA 팬들은 보그스를 '늪'이라고 표현했습니다. 보그스는 자신의 플레이를 '공격적인 수비'라고 부르기도 했죠. 힘과 스피드를 바탕으로 언제나 상대를 몰아붙이는 수비야말로 보그스가 인간 장대 숲에서 버틸 수 있었던 비결이었습니다.

보그스는 점프 능력도 대단했는데요. 보그스의 서전트 점프(제자리 점프) 기록은 무려 112.52센티미터로 NBA 역대 2위에 해당했어요. 이런 뛰어난 점프 실력을 바탕으로 그는 키가 213센티미터인 패트릭 유잉의 슛을 블록 슛으로 걷어 내기도 했습니다. 보그스가 지닌 또 하나의 무기는 '리딩'입니다. 공수를 조율

🎾 **지식 더하기**   ✕ ⊖ ⟳

더블 팀 수비
적절한 타이밍에 뛰어들어 2명이 1명을 압박하는 협력 수비

하고 팀플레이를 이끌어 가는 리딩은 포인트 가드의 기본 임무입니다. 보그스는 천재적인 리딩 실력을 과시했습니다. 실수가 적어 안정감이 돋보였는데 공격적인 수비와 안정적인 리딩, 감각적인 어시스트 모두 보그스를 160센티미터의 작은 거인으로 기억할 수 있게 만든 특출한 재능이었습니다.

샬럿 호네츠 시절 마이클 조던을 상대하는 먹시 보그스

동료들은 보그스를 '연습 벌레', '독종'이라고 불렀습니다. 그가 기울인 노력은 어찌 보면 당연하다고 할 수 있습니다. 키가 작은 보그스가 다른 선수들과 비슷하게 노력했다면 살아남기 힘들었겠죠? "나 자신을 믿었다"라는 보그스의 한마디는 부족한 키를 채우고도 남을 만큼의 노력이 있었기에 할 수 있는 말이었습니다. 보그스는 신장이 아닌 심장으로 뛴 선수였습니다.

NBA의 작은 거인들

NBA의 역사를 보면 보그스 외에도 160센티미터대 선수들이 있었습니다. 보그스 외에 단신으로 활약한 선수를 들라고 한다면 단연 스퍼드 웹을 떠올릴 수 있습니다. 168센티미터의 웹은 덩크슛을 구사할 정도로 탄력과 점프력이 뛰어난 선수였어요. 그는 1986년 NBA 올스타전 슬램 덩크 콘테스트에서 덩크슛왕에 오른 역대 최단신 덩크슈터이기도 합니다. 웹은 1985년 디트로이트 피스톤스에 입단해 14시즌 동안 경기당 평균 9.9득점, 5.3어시스트, 1.1스틸을 기록했습니다.

얼 보이킨스는 165센티미터로 보그스에 이어 NBA에서 역대 두 번째로 키가 작은 선수입니다. NBA에서 19시즌 동안 경기당 평균 8.9득점, 3.2어시스트, 0.6스틸을 기록했어요. 보이킨스는 작은 키 때문에 신인 때는 주목을 받지 못했는데요. 1998년 미시간 대학교 졸업 당시 드래프트에 참가했지만 지명을 받지 못했습니다. 그래서 NBA의 하위 리그인 CBA에서 선수 생활을 시작해야만 했죠. 그러다가 1998~1999년 시즌 도중 클리블랜드 캐벌리어스와의 '10일 계약'으로 NBA에 데뷔했습니다. 선수 생활 도중 몇 차례의 위기를 맞기도 했지만 그때마다 오뚝이처럼 부활한 근성 있는 선수였습니다.

170센티미터대 키로 뛰어난 활약을 선보인 선수들도 많이 있습니다. 캘빈 머피는 키가 175센티미터였지만 NBA 명예의 전당에 헌액될 만큼 뛰어난 활약을 선보였습니다. 그는 13시즌을 뛰며 경기당 평균 17.9득점, 4.4 어시스트를 기록했고 이중 5시즌은 경기당 평균 20득점 이상을 기록하기도 했습니다.

올림픽 역사상
최고의 45분

나는 히틀러와 싸워 이겼다!

#조국이 홀대한 영웅

사교성	
천재성	
노력	
행복	
수명	

2

인종차별 속에서
피운 꽃
제시 오언스

1913~1980

미국 앨라배마주 출생
육상 선수

특이사항

노예와 소작농의 후손, 장학금 대신 아르바이트
올림픽 육상 4관왕, 자유 훈장의 주인공

최고의 올림픽 스타를 1명만 꼽으라면 누가 떠오르나요? 올림픽에서만 메달을 28개나 딴 마이클 펠프스, 6번의 세계 신기록을 수립하고 올림픽 금메달 8개의 주인공이 된 우사인 볼트 등을 떠올릴 수 있을 것입니다. 그런데 미국의 스포츠 전문가 대다수는 역사상 최고의 올림픽 선수로 제시 오언스에게 표를 던집니다. 1936년 베를린 올림픽 육상 100미터, 200미터, 400미터 계주, 멀리뛰기에서 4관왕을 차지한 오언스는 본명이 제임스 클리블랜드 오언스인데, 본명보다는 별명으로 더 잘 알려진 선수입니다.

　베를린 올림픽은 나치가 독일을 장악한 시기에 열린 대회입니다. 올림픽이 열리고 불과 3년 후에 제2차 세계 대전이 발발했죠. 히틀러는 게르만 민족의 우수성을 입증하겠다며 베를린 올림픽을 역사상 가장 화려한 대회로 만들려고 했습니다. 그런 올림픽에서 제시 오언스는 히틀러의 야심이 잘못됐음을 증명한 것입니다. 그래서 그의 금메달은 더욱 빛났습니다.

그러나 제시 오언스가 차별과 냉대를 받은 건 베를린이 아니라 오히려 조국 미국에서였습니다. 오언스는 흑인이었고 평생 불운과 가난에 시달렸습니다. 베를린 올림픽이 끝나고 40년이 지난 1976년이 되어서야 미국은 제시 오언스의 업적을 공식적으로 인정했습니다. 이 해에 제럴드 포드 대통령은 제시 오언스에게 자유 훈장을 수여했습니다.

미국 최초의 육상 4관왕

베를린 올림픽은 당시로서는 최첨단, 최대 규모의 올림픽이었습니다. 나치가 세운 라이히스포르트펠트는 올림피아슈타디온(주경기장), 수영장, 하키 경기장, 테니스 경기장, 선수촌 등을 한곳에 모은 종합 스포츠 단지였는데, 거대한 규모와 외형으로 보는 이들을 압도했죠. 그리고 올림픽 역사상 최초로 TV 중계와 성화 봉송도 등장했습니다. 커다란 스포츠 시설과 기술력은 게르만 민족의 우수성을 입증하겠다는 나치의 선전물이었습니다. 히틀러는 독일 선수들이 최고의 무대에서 최고의 경기력으로 메달을 목에 거는 장면을 전 세계에 보여 주고 싶어 했습니다. 그

1936년 베를린 올림픽 남자 200미터에서 제시 오언스가 1위로 달리는 모습

러나 제시 오언스가 베를린 올림픽 최고의 영웅이 되면서 히틀
러의 꿈은 산산이 깨졌습니다.

1936년 8월 3일 남자 100미터 결승. 우승 후보는 제시 오언
스와 랠프 멧커프, 에리히 보르크마이어였습니다. 랠프 멧커프
는 오언스와 같은 미국 국적의 흑인 육상 선수로 1932년 로스앤
젤레스 올림픽에서 남자 100미터 은메달과 200미터 동메달을
딴 뛰어난 실력의 소유자였죠. 독일의 에리히 보르크마이어 또
한 1932년 로스앤젤레스 올림픽 400미터 남자 계주에서 은메달
을 딴 강력한 경쟁자였습니다. 세 선수가 출발선에 섰고, 곧이어
스타트를 알리는 총성이 울려 퍼졌습니다. 출발은 오언스가 빨
랐지만, 마지막 20미터를 남겨 놓고 멧커프가 스퍼트를 시도하

며 선두 주자와의 거리를 좁혔습니다. 과연 경기 결과는 어땠을까요? 결승선을 통과한 순간 오언스가 1위, 맷커프가 2위를 차지했습니다. 1위와 2위의 기록은 단 0.1초 차였습니다. 오언스는 경쟁자의 맹렬한 추격에도 1등 자리를 내주지 않은 것이죠. 그는 10초 03이라는 세계 타이기록으로 금메달을 차지했습니다.

다음 날 멀리뛰기에서 오언스는 8.06미터를 뛰어 2관왕에 올랐습니다. 남자 200미터에서는 20초 7로 올림픽 신기록을 작성하며 1위에 올랐고, 400미터 남자 계주에서도 당시 세계 신기록인 39초 8로 우승을 차지했습니다.

제시 오언스가 흑인이라는 이유로 히틀러가 악수를 거부했다는 이야기가 전해지지만, 이는 사실이 아닙니다. 당시 미국과 독일이 적대적 관계였다는 것을 감안하면, 이 잘못된 일화는 의도적으로 만들어진 정치 선전에 가깝다고 볼 수 있습니다. 나치가 유색 인종에 차별적인 태도를 취한 것은 사실이지만요. 오언스는 회고록에서 "내가 VIP석을 지날 때 나를 본 히틀러는 자리에서 일어나 내게 손을 흔들어 주었다"라고 밝혔습니다. 그가 4관왕에 오르자 올림피아슈타디온을 가득 메운 11만 명은 그에게 열띤 환호성을 보냈습니다. 아디다스의 창업자 아돌프 다슬러는 선수촌을 찾아와 그에게 아디다스 스파이크와 러닝화를 신어 달라고 부탁했죠. 거리에서는 그를 알아보고 사인을 부탁

1936년 베를린 올림픽 멀리뛰기에 참가한 제시 오언스

하는 독일인도 나타났습니다. 이처럼 평범한 독일의 민중은 제시 오언스를 스포츠 영웅으로 대접했습니다.

역사상 가장 위대했던 45분

제시 오언스는 1913년 미국 앨라배마주 오크빌에서 7남 3녀 중 막내로 태어났습니다. 할아버지는 아프리카에서 끌려온 노예 출신이었고, 아버지는 가난한 소작농이었습니다. 열악한 환경

탓에 오언스는 어렸을 때부터 만성 기관지염과 폐렴에 시달리며 자주 아팠어요. 그리고 아주 어릴 때부터 돈을 벌기 위해 노동을 해야 했습니다. 7살부터는 매일 면화를 45킬로그램이나 골라 내야 했고, 소년이 되어서는 식료품 배달, 신발 수리, 화물 적재 등의 일을 해야 했습니다.

제시 오언스가 9살이 되었을 때 아버지는 흑인 차별이 덜한 동북부로 이주했습니다. 새로운 정착지는 오하이오주 클리블랜드였죠. 오언스는 이 지역에 있는 페어마운트 중학교에서 본격적으로 육상을 시작했습니다. 처음에는 건강을 위해 달리기를 시작했는데, 찰스 라일리 코치를 만나면서 전문적인 육상 훈련을 받게 되었죠. 중학교에 다닐 때도 제시 오언스는 돈을 벌기 위해 방과 후에 일해야 했는데요. 찰스 라일리는 제자의 사정을 배려해 수업 전 이른 아침을 훈련 시간으로 정했고, 때때로 오언스를 집에 초대해 식사를 챙기기도 했습니다. 오언스는 이스트 테크니컬 고등학교에 진학한 후에도 라일리 코치에게 지도를 받았고, 그 훈련의 성과는 곧 나타났습니다. 1933년, 고등학생이었던 제시 오언스는 내셔널 인터스콜라스틱 챔피언십(전국학생선수권대회)에서 100야드, 200야드, 멀리뛰기를 석권해 3관왕에 올랐습니다. 특히 100야드 기록은 세계 신기록이었습니다. 대회에서 놀라운 성적을 거두자 28개 대학으로부터 스카우트 제안이 쏟아졌습니다.

　제시 오언스의 선택은 오하이오 주립 대학교였습니다. 많은 학교 중에서 왜 이곳을 선택했을까요? 1930년대 미국 사회에서는 흑인 차별이 심했습니다. 미국의 대학들은 유망한 선수를 스카우트하기 위해 장학금을 지급했는데, 흑인은 예외였습니다. 그런데 오하이오 주립 대학교는 장학금 대신 파트 타임 아르바이트 자리를 제안했고, 흑인이었던 오언스에게 당시로서는 최고의 조건이었던 것이죠.

　대학생이 된 제시 오언스는 더욱 놀라운 기적을 만들어 냈습니다. 1935년 미국 중서부 지역의 10개 대학이 참가하는 육상 대회인 빅텐 챔피언십에서 무려 3개의 세계 신기록과 1개의 세계 타이기록을 수립한 것입니다. 제시 오언스는 100야드에서 9초 4로 세계 타이기록을, 200야드에서 20초 3으로 세계 신기록을, 220야드 허들에서 22.6초로 세계 신기록을 수립했습니다. 여기에 그치지 않고 멀리뛰기에서도 8.13미터라는 세계 신기록을 수립했습니다. 게다가 이 모든 신기록이 만들어지는 데는 단 45분밖에 걸리지 않았습니다. 미국 대학 스포츠 역사에서도, 세계 스포츠 역사에서도 다시 일어나기 힘든 기적이었죠. 심지어 경기가 열리기 2주 전 제시 오언스는 친구들과 장난을 하다 허리를 심하게 다친 상태였습니다. 경기 당일엔 허리를 구부려 무릎에 손을 뻗는 것조차 힘들었어요. 그래서 이 대회에서 오언스가 펼친 활약을 미국 스포츠계에서는 '역사상 가장 위대한 45분'이라고 부릅니다.

오하이오 주립 대학교 시절 제시 오언스는 빅텐 챔피언십, 전미대학스포츠위원회(NCAA) 챔피언십, 미국아마추어경기연맹(AAU) 챔피언십, 올림픽 시범 경기 등의 대회에서 총 42번의 경기에 참여했고 모두 우승했습니다.

차별과 냉대 속에서

"1830년 내 조상들은 사람이 사람을 소유할 수 있다고 믿었던 미국 땅에 노예로 팔려 왔다. 그리고 1936년 나는 다른 민족이 자신과 게르만족의 소유라 믿는 히틀러와 싸워 이겼다."

제시 오언스의 자서전 《제시 오언스 이야기》에 나오는 이 두 문장은 제시 오언스의 일생을 요약합니다. 제시 오언스는 오하이오 주립 대학교 육상부의 주장이었는데, 대회 장소까지 이동할 때 동료들과 같은 버스를 탈 수 없었습니다. 흑인은 백인이 타는 버스를 이용할 수 없었기 때문이에요. 당시 흑인은 캠퍼스 내 기숙사에서 생활할 수도 없었습니다. 그래서 오언스는 다른 흑인 선수들과 함께 학교 주변에서 자취방을 구해야 했습니다. 식사도 흑인 전용 식당에서 해야 했죠.

올림픽 4관왕이 된 이후엔 어땠을까요? 루스벨트 대통령은 베를린 올림픽 메달리스트들을 백악관으로 초청했지만, 제시 오언스는 예외였습니다. 백악관이 이런 결정을 내린 것은 백인 유권자들이 흑인에게 친절한 정치인에게 표를 주지 않는다는 것을 의식했기 때문입니다.

제시 오언스는 자신의 4관왕을 축하하는 파티에서조차 차별받아야 했습니다. 파티가 열리는 뉴욕 월도프 아스토리아 호텔의 엘리베이터를 타려던 제시 오언스를 호텔 직원이 제지했습니다. 흑인은 백인이 타는 엘리베이터를 탈 수 없다는 이유였죠. 하는 수 없이 그는 화물 전용 엘리베이터를 타야만 했습니다. 그는 "나를 차별한 것은 히틀러가 아니라 미국 대통령이다"라는 말로 당시를 회상했습니다. 언론에도 수모를 당했습니다. 미국의 유력 일간지들은 오언스가 4관왕이라는 위업을 달성했는데도 축하하긴커녕 흑인의 생리학적 특성을 분석하는 모멸적인 기사들을 게재했습니다.

베를린 올림픽 이후 미국올림픽위원회 위원장이자 미국체육연맹 회장이었던 에이버리 브런디지는 미국 육상 대표 팀의 유럽 투어 경기를 추진했습니다. 그리고 투어의 흥행을 위해 제시 오언스를 비롯한 선수들에게 무리한 일정을 소화하게 했습니다. 독일 보훔에서 오언스는 비행장 격납고에서 잠을 자야 했고, 이동 시간을 전혀 배려받지 못한 채 매일 빠듯하게 경기에 참여해야 했습니다. 오하이오 주립 대학교 래리 스나이더 코치는 〈뉴욕 타임즈〉와의 인터뷰에서 "선수들이 훈련된 물개처럼 대우받고 있다"라고 폭로했고, 제시 오언스는 "누군가는 돈을 벌고 있지만 우린 여행 기념품조차 살 수 없다"라고 항의했습니다.

23살에 트랙을 떠난 선수

독일에서의 투어가 끝나 갈 무렵 스웨덴, 핀란드, 노르웨이에서 추가로 초청 제안이 들어왔고, 독일에서 무리한 일정에 시달렸던 제시 오언스는 적절한 대우와 보수를 요구했습니다. 그런데 당시에는 선수들이 경기에 참가한 대가로 보수나 금전적 이익을 취해선 안 된다는 원칙이 있었습니다. 미국올림픽위원회는 제시 오언스에 분노를 표했고 결국 제시 오언스를 제명했습니다.

이때 오언스는 겨우 23살이었습니다. 선수로서 전성기를 누려야 할 나이에 그는 베를린 올림픽을 마지막으로 다시는 트랙으로 돌아오지 못했습니다. 이후의 삶은 어땠을까요? 오언스는 "금메달이 4개나 있었지만 금메달로 먹고 살 수는 없었다"라고 말했습니다. 그는 가족을 부양하기 위해 돈을 받고 말, 개, 오토바이와 달리기 경주를 했고 주유소 직원, 놀이터 관리원 등으로 일해야 했습니다.

1955년이 되어서야 오언스는 공적인 자리에 모습을 드러내며 명예를 회복했습니다. 드와이트 아이젠하워 대통령이 오언스를 아시아 순방 미국 친선대사에 임명한 것입니다. 오언스는 1973년에 미국올림픽위원회 위원에 선임되었고, 1976년에는 제럴드 포드 대통령에게서 **대통령 자유 훈장**을 받기도 했어요.

1980년 제시 오언스가 세상을 떠난 뒤 1988년 조지 H. 부시 대통령은 제시 오언스에게 **의회 명예 황금 훈장**을 수여했고, 1984년 베를린시는 베를린 올림픽을 빛낸 그의 이름을 따 제시 오언스 거리를 조성했습니다. 미국육상경기연맹은 매년 최고의 육상 남녀 선수를 선발해 제시 오언스상을 수여하고 있습니다. 제시 오언스상 수상은 미국 육상 선수에겐 최고의 영예입니다.

🏸 **지식 더하기**   ✕ ➖ ↻

대통령 자유 훈장과 의회 명예 황금 훈장
미국에서 민간인이 받을 수 있는 최고의 영예로, 미국 역사와 문화에 주요한 업적을 남긴 사람에게 수여된다. 1963년 존 F. 케네디 대통령이 제정한 대통령 자유 훈장은 대통령이, 1776년 제정된 의회 명예 황금 훈장은 의회가 수여한다. 특히 의회 명예 황금 훈장은 상원과 하원에서 모두 결의안이 통과되어야 하므로 수상하기 매우 까다롭다.

1936년 베를린 올림픽에 참가한 제시 오언스

제시 오언스

루츠 롱과의 우정

국제올림픽위원회(IOC)는 1964년부터 '쿠베르탱 메달'을 수여하고 있습니다. 이 메달은 스포츠맨십을 구현한 선수 또는 언론인, 올림픽 관계자에게 주어지는 영광스러운 상입니다. 초대 수상자는 독일의 육상 선수 루츠 롱이었습니다. 그는 베를린 올림픽 멀리뛰기에서 제시 오언스와 경쟁한 끝에 은메달을 차지한 선수였죠. 오언스와 우정을 나누며 진정한 스포츠맨십을 발휘한 인물이기도 합니다.

오언스가 육상 100미터에서 금메달을 따내자, 다음 날 그가 출전한 멀리뛰기 경기도 큰 주목을 받았습니다. 그런데 오언스는 쏟아지는 관심에 부담을 느꼈는지 예선에서 실수를 거듭했어요. 연습 점프를 시도했던 것이 1차 시기로 인정돼 한 번의 기회를 어이없게 날렸고, 2차 시기에선 구름판을 너무 가깝게 밟아 반칙이 선언되었습니다. 당황한 오언스에게 롱이 조언을 건넸습니다. "구름판과의 간격을 넉넉히 두고 점프해. 네 실력이면 충분히 예선을 통과할 수 있어." 그의 한 마디는 오언스에게 자신감을 심어 주었고, 오언스는 3차 시기에서는 실수하지 않아 예선을 통과할 수 있었습니다.

결선에서 둘은 금메달을 놓고 대결을 펼쳤고, 결과는 오언스의 승리였습니다. 오언스는 8.06미터를 뛰어 금메달, 롱은 7.87미터를 뛰어 은메달을

제시 오언스와 루츠 롱

차지했죠. 롱은 "정당한 결과이기 때문에 은메달이 몹시 기쁘다"라며 최선을 다한 결과를 받아들였고 진심으로 오언스를 축하했습니다. 심지어는 오언스의 어깨를 팔로 두른 채 경기장을 빠져나갔어요. 오언스는 "히틀러 앞에서 나와 친구가 되려면 많은 용기가 필요했다"라고 말하며 롱에게 고마움을 표시했습니다. 늦은 밤 롱은 선수촌에서 오언스를 찾아가 많은 얘기를 나누기도 했습니다.

그러나 올림픽이 끝난 뒤 전쟁이 터져 둘은 다시 만나지 못했습니다. 롱은 라이프치히 대학교에서 법학을 전공한 뒤 변호사가 되었는데, 2차 세계 대전 중 징집돼 시칠리아 전쟁터에서 전사했습니다. 오언스는 전쟁이 끝난 1951년이 되어서야 독일을 방문해 롱의 묘소를 찾을 수 있었습니다. IOC는 베를린 올림픽 후 28년이 지난 1964년 최초의 쿠베르탱 메달을 롱에게 수여했습니다. 오언스는 "나의 모든 금메달을 녹여 만든 금빛도 루츠 롱의 우정만큼 찬란한 빛을 내지 못한다"라는 말로 그를 기렸습니다.

여성을 위해
평생 달리다

여성에게 달릴
자유를 허용하라!

#여성 최초의
마라톤 완주자

사교성					
천재성					
노력					
행복					
수명					

3

최초의 여성
마라토너
캐서린 스위처

1947~

독일 암베르크 출생
마라톤 선수, 작가, 해설가, 여성운동가

특이사항

만능 스포츠 우먼, 끊임없는 발전과 도전
여성 마라톤 올림픽 정식 종목 채택의 공신

'여자는 마라톤을 뛸 수 없다. 남자도 뛰기 어려운 42.195킬로미터를 여자가 달리다니! 여성은 마라톤을 하면 허벅지가 굵어지고 가슴에 털이 나며, 자궁이 떨어질 수도 있다. 여자가 뛸 수 있는 거리는 최대 800미터다.'

과거 사람들은 여자가 49.195킬로미터의 마라톤을 완주해서는 안 된다고 생각했습니다. 더 놀라운 것은 이러한 생각이 불과 수십 년 전인 1960년대까지 이어졌다는 것입니다.

당장 내 레이스에서 꺼져!

1967년 제71회 보스턴 마라톤에서 세상이 깜짝 놀랄 만한 사건이 터졌습니다. 20살 여자 대학생 캐서린 스위처가 참가해 코스를 달린 것입니다. 스위처가 6킬로미터 지점을 지날 즈음 여성이 뛰고 있다는 사실이 조직위원회에 전해졌습니다. 이 소식을 들은 경기 감독관 조크 샘플이 차를 타고 달려가 스위처를 찾았죠. 분노에 찬 그는 스위처를 발견하자마자 코스로 난입해 그녀의 뒷덜미를 잡아챈 뒤 소리쳤습니다. "번호표 내놓고 당장 내 레이스에서 꺼져!"

그가 스위처를 잡아당기는 순간은 카메라에 고스란히 잡혔습니다. 둘을 찍은 사진이 다음 날 언론에 게재되자 미국 전역이 들끓었고, 여성의 지위와 활동에 관한 엄청난 논쟁이 벌어졌습니다. '여성에게 달릴 자유를 허용하라!'라는 요구와 '여성이 마라톤을 뛰다니!'라는 반발이 팽팽하게 맞붙었죠. 그리고 4년이 지난 1971년에 뉴욕 마라톤이 세계 최초로 여성의 대회 참가를 허용했고, 1972년에는 보스턴 마라톤도 여성의 참가를 인정했습니다. 그로부터 12년이 지난 1984년, 올림픽에서도 여자 마라톤을 정식 종목으로 채택했습니다.

여성의 마라톤 참가는 단순히 여성에게 달릴 자유만을 허용한 것이 아닙니다. 여성을 속박했던 성차별을 공론의 장으로 끄집어내 양성평등을 논의하는 계기가 되었고, 여성의 지위와 역할을 새롭게 인식하는 중요한 전환점을 마련했습니다. 미국의 시사 잡지 〈라이프〉는 샘플에게 뒷덜미를 잡힌 스위처의 사진을 '세상을 바꾼 100장의 사진' 중 하나로 선정했습니다.

캐서린 스위처

캐서린 스위처를 밀쳐 내는 조크 샘플과 그를 저지하는 스위처의 남자 친구 톰 밀러

그럼 보스턴 마라톤에 참가한 스위처는 끝까지 달릴 수 있었을까요? 샘플이 달려와 막았지만 스위치는 달리기를 계속했고, 그는 42.195킬로미터를 4시간 20분 만에 완주했습니다. 결승선에 도달했을 무렵 스위처의 두 발은 피투성이가 되어 있었습니다. 달리는 내내 스위처는 마음속으로 다짐하고 또 다짐했습니다. "손과 무릎으로 기어서라도 나는 이 경주를 완주할 거다. 아무도 내가 할 수 있다는 걸 믿지 않기 때문이다."

영구 결번 261

스위처는 1947년 독일에서 태어났습니다. 아버지는 미군

소령이었는데 스위처가 2살 때 스위처의 가족은 미국으로 귀국해 정착했습니다. 스위처는 중학생이었던 12살 때부터 달리기를 했는데, 응원단 치어리더가 되고 싶어 시작한 것이지 육상을 전문적으로 배운 것은 아니었습니다. 그러던 중 스위처는 "인생을 구경꾼으로 살면 되겠니? 직접 경기장에서 뛰는 인생을 살아야 한다"라는 아버지의 충고를 듣고 응원단 대신 필드하키 팀에 들어갔습니다. 필드하키를 잘하려면 달리기를 잘해야 한다는 아버지의 조언에 스위처는 매일 1.6킬로미터를 달렸습니다. 먼 거리를 달릴수록 달리기에 매력을 느끼게 되었죠. 시러큐스 대학교 입학 후 스위처는 숲, 들판, 언덕 등을 달리는 경주인 크로스컨트리 팀을 찾았습니다. 남자 선수들과 함께 훈련하겠다는 스위처의 말을 들은 크로스컨트리 팀 코치는 심드렁하게 그를 어니 브릭스에게 보냈습니다. 브릭스는 마라톤 선수였다가 은퇴한 뒤 시러큐스 대학교에서 우편 배달원으로 근무하며 짬짬이 자원봉사 코치를 하던 50대 남성이었습니다. 브릭스는 스위처를 무척 반겼습니다. 나이가 들어 체력이 부족해져 남자 선수들과는 함께 달릴 수 없었지만, 스위처와는 나란히 달릴 수 있었기 때문입니다. 이 만남을 계기로 둘은 늘 함께 달렸습니다.

　1966년 스위처를 마라톤의 길로 이끈 인물이 등장했는데, 바비 깁이라는 여성이었습니다. 그는 여성이라는 이유로 보스턴 마라톤 참가를 거절당하자 출발선 근처 덤불에 숨어 있다 선수들이 지나가는 순간 슬쩍 레이스에 뛰어들었습니다. 최대한 남자처럼 보이려고 가발을 쓰고 후드 티를 입은 채 42.195킬로미터를 완주했죠. 이 이야기를 접한 스위처도 새로운 꿈을 품게 되어 어니 브릭스에게 도움을 요청했습니다. "여자는 너무 약해서 42.195킬로미터를 뛸 수 없어. 포기하는 게 좋아." 스위처와 큰 논쟁을 벌인 끝에 브릭스는 그에게 한 가지 제안을 했습니다. "훈련 삼아 마라톤 풀코스를 뛰는 걸 보여 주면 보스턴에 데리고 갈게." 스위처는 브릭스와 함께 달려 42.195킬로미터보다 훨씬 긴 50킬로미터를 달리는 데 성공했습니다.

스위처는 본명인 '캐서린 스위처' 대신 중성적 이름인 'K.V. 스위처'로 선수 등록을 하고 정시으로 261번 번호표를 받았습니다. 다만 대회장에서는 바비 깁과 달리 남장은 하지 않았어요. 오히려 귀걸이를 하고 립스틱을 짙게 발라 여성임을 강조했죠. 그리고 혹시라도 발생할지 모르는 불상사에 대비해 남자 친구인 톰 밀러, 코치 어니 브릭스와 함께 달리기를 시작했습니다. 도중에 조크 샘플이 스위처의 뒷덜미를 잡아채자 미식축구 선수였던 밀러가 샘플을 밀어낸 뒤 소리쳤습니다. "캐서린, 힘껏 뛰어!"

샘플과 함께 코스에 들이닥친 기자들은 스위처의 사진을 계속 찍으며 질문을 퍼부었어요. "언제까지 달릴 겁니까?", "무엇을 증명하려고 하는 거죠?" 나중에 스위처는 기자들의 질문 세례를 받는 순간이 지옥 같았다고 고백했습니다. "지금은 자신감이 넘치지만, 당시에는 20살이었죠. 정말로 두려웠습니다. 너무 당혹스러웠고 굴욕감을 느꼈습니다. 그러나 포기할 생각은 없었어요. 내가 완주하지 못하면 여성은 결국 마라톤을 뛸 수 없다고 인정하는 것이 되니까 기어서라도 완주하겠다고 결심했습니다."

　　조직위원회는 그녀를 실격시켰지만, 스위처는 보스턴 마라톤을 완주한 최초의 여성 참가자로 기록되었습니다. 그리고 50년의 세월이 지난 2017년, 70살의 스위처는 제121회 보스턴 마라톤에 다시 참가했습니다. 50년 전 그날과 똑같은 번호표 261번을 달고 42.195킬로미터를 4시간 44분 31초 만에 완주했죠. 이날 보스턴 마라톤 조직위원회는 261번을 영구 결번으로 지정해 그의 업적을 기념했습니다.

여자 마라톤, 올림픽 정식 종목이 되다

　　지금은 올림픽에서 여자 마라톤 경기를 보는 것이 당연하게 느껴집니다. 그러나 여자 마라톤은 올림픽 정식 종목이 되기까지 수많은 난관을 극복해야 했습니다. 1980년대까지도 마라톤은 여성에게 위험한 운동이라는 편견이 존재했기 때문이에요. 마라톤을 사랑한 스위처는 이러한 세상의 편견과 차별에 늘 맞서야 했습니다. 여성도 달릴 수 있다는 것을 증명하기 위해 그는 전 세계 여성을 상대로 달리기를 보급했고 수백 번의 여자 마라톤 대회를 개최했는데, 그중에서도 가장 자랑스러운 일은 여자 마라톤을 올림픽 정식 종목으로 채택한 것이라고 말했습니다.

"올림픽은 전 세계에서 가장 중요하고 권위 있는 스포츠 이벤트입니다. 여성이 올림픽에서 가장 어려운 종목인 마라톤에 참가하는 모습을 사람들이 본다면 여성의 능력에 대한 세상의 시선 또한 바뀌리라 생각했습니다."

스위처는 미국만이 아닌 전 세계 여성이 함께 달리는 대회를 만들고자 했습니다. 그래서 1972년 에이본 국제여성달리기서킷이라는 조직을 만들었습니다. 이 조직은 전 세계 27개국에서 400회의 여성 달리기 대회를 개최해 100만 명 이상의 여성에게 달릴 수 있는 기회를 주고자 했어요. 스위처의 원대한 프로젝트는 곧 폭발적인 반응을 얻었습니다. 1972년부터 1984년까지 에이본 국제여성달리기서킷은 세계 곳곳에서 여성을 위한 달리기 대회를 개최했습니다. 에이본 국제 마라톤은 이 조직이 주최하는 대표적인 대회였습니다. 스위처의 노력으로 적지 않은 나라에서 여성을 위한 최초의 스포츠 대회가 열렸습니다. 1980년 런던에서 대회가 열릴 때 런던시는 세계 최초로 여성 마라톤 선수들을 위해 도로를 통제했습니다. 여성 마라톤 선수에 대한 공감과 이해의 폭이 넓어진 것입니다.

1982년엔 유럽육상선수권대회, 1983년엔 세계육상선수권대회에서 여자 마라톤이 정식 종목으로 채택되었습니다. 이렇게 여자 마라톤이 주요 대회로 확산되자 국제올림픽위원회(IOC)는 여자 마라톤의 정식 종목 채택을 두고 새로운 조건을 내걸었습니다. 25개국 이상이 참가한 국제 대회 사례, 마라톤이 여성에게 안전한 운동이라는 의학적 자료, 여성도 42.195킬로미터를 완주할 수 있다는 데이터가 갖춰지면 여자 마라톤을 올림픽 정식 종목으로 채택하겠다는 것이었습니다. 에이본 국제 마라톤은 IOC가 내건 조건을 모두 충족했습니다. 스위처는 수백 회의 대회에서 축적된 자료를 통해 여성이 충분히 42.195킬로미터를 달릴 수 있다는 과학적 근거를 제시해 IOC를 설득했죠. 마침내 1981년 2월 24일, IOC 집행위원회는 1984년 로스앤젤레스 올림픽부터 여자 마라톤을 정식 종목으로 채택하기로 했습니다.

4시간 20분에서 2시간 51분으로

스위처는 스스로 재능 있는 운동선수가 아니라고 평가했습니다. 그럼에도 그녀는 여성에 대한 편견을 없애기 위해 평생 달렸습니다. '여자 마라톤은 조깅 수준'이라거나 '여자들이 해봤자 얼마나 잘하겠냐'라는 조롱에 맞서서요. 그는 39번의 마라톤 대회에 참가했는데, 1974년 뉴욕 마라톤에서 3시간 7분 29초로 우승했고 1975년 보스턴 마라톤에선 개인 최고 기록인 2시간 51분 37초로 2위를 기록했습니다. 처음 출전했던 1967년 보스턴 마라

1975년 보스턴 마라톤에서 자신의 최고 기록으로 결승선을 통과한 캐서린 스위처

톤에서 4시간 20분을 기록했다는 것을 생각해 보면, 2시간 51분 37초로 기록을 단축하기까지 쉼 없이 노력하고 도전을 멈추지 않은 것이죠.

스위처는 마라톤 선수 외에도 작가, 방송 해설가, 여성운동가 등으로 활동하며 열정적인 삶을 살았습니다. 다양한 활동의 목표는 한결같이 '차별 없는 세상', '여성의 권익 보호'였죠. 스위처는 "여성에게는 우리가 상상하는 것보다 더 많은 능력이 있다"라고 자신 있게 말합니다. 일평생 그가 늘 외쳤던 한마디는 짧지만 강렬합니다. "두 걸음 뒤처지면 세 걸음 앞으로 나아가라!"

아프리카 여성의 인권을 위해

캐서린 스위처가 보스턴 마라톤에 처음 참가했을 때 받은 번호인 261은 여성 운동의 상징이 되었습니다. 스위처는 2015년 비영리 단체 '두려움 없는 261(261 Fearless)'을 설립해 세계 여성의 달리기를 지원하고 있습니다. 이 단체의 목표는 '여성 공동체를 통해 차별과 한계의 장벽을 무너뜨리고 모두가 평등한 경기장을 만드는 것'입니다. 두려움 없는 261의 활동은 특히 아프리카와 중동에 집중되어 있습니다. 아직도 아프리카와 중동에서는 여성이 2등 시민, 3등 시민으로서 차별받는 삶을 살고 있기 때문입니다. 이 달리기 대회의 상금은 학교를 짓고 먹을 물을 소독하고 아이들의 예방 접종을 하는 데 사용됩니다.

두려움 없는 261의 아프리카 활동은 케냐의 국민 영웅 테글라 로루페를 발굴하기도 했습니다. 로루페는 1994년 뉴욕 마라톤에서 아프리카 여성 최초로 우승한 뒤 1998년 로테르담 마라톤과 1999년 베를린 마라톤에서 세계 신기록을 수립하며 세계적인 마라톤 선수가 되었습니다. 로루페 역시 은퇴 후 2003년 로루페 평화재단을 만들어 스포츠를 통한 평화, 여성 인권 사업을 펼치고 있습니다. 로루페는 2016년 리우데자네이루 올림픽과 2021년에 열린 도쿄 올림픽에서 난민 팀 단장을 맡기도 했죠. 로루페는 리우데자네이루 올림픽 기자회견에서 기자들이 난민의 어두운 과거와 아픈 기억에 관한 질문만을 하자 "난민의 딱한 처지 말고 난민의 미래에 관심을 가져달라"라고 일갈했습니다.

4

할리우드가 사랑한 조선의 복서

서정권

↓

1912~1984

전라남도 순천시 출생
복싱 선수

특이사항

타고난 싸움꾼, 일주일에 한 경기
일본 프로 복싱 최다 연승, 세계 랭킹 6위

할리우드는 예나 지금이나 세계 영화계의 심장으로 통합니다. 1930년대 할리우드를 빛낸 별들 중에는 키 158센티미터의 자그마한 권투 선수가 있었습니다. 그는 일제에 나라를 빼앗긴 작고 작은 나라 조선에서 온 이방인 서정권이었죠. 서정권의 기술은 저돌적이고 화려하면서도 실수가 없었습니다. 현란한 보디 워크과 헤드 워크는 물론 좌우 훅으로 이어지는 강력한 콤비네이션 펀치로 미국을 환호하게 만들었습니다. 그는 적극적으로 상대 선수의 빈틈을 파고들면서도 홀딩이나 클린치가 거의 없을 정도로 깨끗한 경기 스타일을 선보였습니다.

　그는 미국에서 대단한 인기를 누렸습니다. 미국 언론이 서정권을 당시 미국 최고의 스포츠 스타였던 베이브 루스나 조 루이스와 같은 비중으로 다룰 정도였습니다. 베이브 루스는 메이저리그의 전설적인 홈런왕이고, 조 루이스는 프로 복싱 헤비급 챔피언입니다. 영화 〈무기여 잘 있거라〉, 〈누구를 위하여 종은 울리나〉로 유명한 게리 쿠퍼, 〈타잔〉의 주인공 조니 와이즈 뮬러 같은 당대 최고의 배우들이 서정권의 열렬한 팬이었습니다. 190센티미터가 넘는 게리 쿠퍼와 158센티미터의 서정권이 나란히 할리우드 시내를 걸어 다닐 땐 어김없이 카메라 플래시가 터졌습니다. 그는 인기가 너무 높았던 나머지 각종 스캔들의 주인공이 되기도 했습니다. 〈은막의 여왕 루비 바레스, 꼬마 권투왕과 열애에 빠지다〉와 같은 기사가 때때로 보도되었습니다. 실제로 여배우 나니 디보디와는 사랑에 빠지기도 했습니다.

일제 강점기 조선 민중은 일제의 수탈로 삶이 고단하고 피폐했습니다. 그럼에도 고난과 차별을 딛고 세계 속에 우뚝 선 조선인들이 있습니다. 마라톤, 복싱, 축구, 야구, 사이클 등에서 많은 스포츠 스타들이 탄생했죠. '복싱의 신'으로 통한 서정권은 베를린 올림픽 금메달리스트 손기정, 자전차왕 엄복동과 함께 조선에 희망과 자긍심을 심어 준 대표적인 스포츠 스타입니다.

순천 갑부의 아들로 태어난 반항아

서정권은 1912년 전남 순천에서 갑부의 아들로 태어났습니다. 그러나 정실의 소생이 아닌 서자 신분이었습니다. 물질적으로는 부족함이 없었지만, 집안에서는 소실의 아들이라는 냉대를 피할 수 없었습니다. 그래서였을까요? 서정권은 유달리 남에게 지기 싫어해 친구들과 싸움을 자주 벌였습니다. 손기정과 함께 1936년 베를린 올림픽 마라톤에 출전해 동메달을 목에 건 남승룡은 서정권과 한동네에서 태어난 동갑내기 친구였습니다. 둘은 유년기부터 형제처럼 우정을 나누는 사이였지만, 의견이 충돌할 때는 조금도 양보하지 않고 불같은 싸움을 벌였다고 해요. 서정권은 동네 친구들과 어울려 놀 때도 시장과 극장, 운동장을 누비기를 좋아했습니다. 부잣집 도련님으로 태어났지만 얌전한 도련님은 아니었던 것이죠.

서정권은 부친의 권유로 서울로 올라와 중학교에 입학했지만 싸움에 휩싸여 퇴학당했습니다. 고향 순천으로 다시 내려오니 가슴이 답답했습니다. 심장이 뜨겁게 뛰었고 두 주먹이 불끈 쥐어졌죠. 무엇인가를 향해 달려가지 않으면 안 될 것 같았던 서정권은 친구 남승룡과 함께 새로운 포부를 다졌습니다. "우리는 무엇으로라도 세계에 이름을 날려 보자!" 그때 서정권이 떠올린 것은 일본 메이지 대학교에 유학 중인 둘째 형 서정욱이었습니다. 1928년 그는 16살의 나이에 무일푼으로 무작정 형을 찾아 도쿄로 떠났습니다.

형님, 복싱을 가르쳐 주세요

서정권이 도쿄에 있는 둘째 형의 하숙집을 찾아가니 황을 수라는 인물이 형과 함께 살고 있었습니다. 황을수는 1932년 로스앤젤레스 올림픽 복싱 라이트급에 출전하며 한국 복싱의 초창기를 다진 선수입니다. 황을수는 서정욱과 현재의 휘문고등학교인 휘문고보를 함께 다닌 동창이었고, 당시 메이지 대학교 권투부에서 학생 선수로 활동하고 있었습니다. 형의 하숙집에서 서정권은 복싱 글러브를 처음 손에 끼었는데 그 순간의 전율은 평생 잊지 못할 강렬한 느낌이었습니다. "형님, 복싱을 가르쳐 주세요!" 그러나 둘째 형 서정욱은 물론 아버지까지도 반대했습니다. 황을수도 "복싱은 안 된다"라고 만류했습니다.

그러나 어떤 반대도 서정권의 고집을 꺾을 수는 없었습니다. 심장이 터지도록, 온몸이 부서지도록 인생을 걸 만한 것을 찾고자 한 서정권이었기 때문입니다. 기어이 부친의 허락을 얻어 낸 그는 황을수에게 복싱의 기초를 배웠습니다. 황을수에게 복싱을 배운 기간은 한 달 반 남짓이었습니다. 황을수는 곧바로 서정권이 타고난 복서임을 알아채고 전문적인 훈련을 받을 수 있도록 일본 복싱의 창시자로 통하는 와타나베 시지로에게 서정권을 소개했습니다. 이렇게 해서 서정권은 와타나베가 운영하는 일본권투구락부에 입회하며 본격적인 복서의 길을 걷게 됩니다. 훗날 서정권은 황을수의 여동생과 결혼해 둘은 가족이 되기도 해요.

복싱의 신이라 불린 사나이

와타나베의 지도로 체계적인 훈련을 받은 서정권은 복싱 입문 2년 만에 천재성을 발휘했습니다. 1929년 명치신궁대회 우승을 시작으로 1930년엔 관동학생선수권대회, 전일본학생선수권대회, 전일본아마추어선수권대회 등의 대회에서 플라이급을 모두 휩쓴 것입니다. 이제 아마추어 선수 중에서는 적수가 없었습니다.

복싱에 인생을 걸기로 작정한 서정권은 이듬해인 1931년 프로에 데뷔했습니다. 4월 12일 열린 데뷔전의 상대는 일본 플라이급 챔피언인 가시와무라 고로였습니다. 프로에 이제 갓 데뷔하는 신인 선수를 상대로 최강자를 내세운 일본의 의도는 분명했습니다. 일본인의 우수성을 보여 주겠다는 것이었죠. 그러나 서정권은 그들의 예상을 뛰어넘었습니다. 1라운드 1분 만에 KO승을 거둔 것이죠. 서정권이 데뷔전에서 챔피언을 간단히 이기자 일본 복싱계는 발칵 뒤집혔고, 그에게 여러 번의 경기를 제안했습니다. 여기에는 두 가지 목표가 있었습니다. 하나는 서정권을 이기는 것이었고 또 하나는 서정권의 인기를 이용해 돈을 벌겠다는 것이었습니다. 이렇게 해서 4월 12일 데뷔전 이후 서정권은 7월 말까지 8번이나 경기를 치렀습니다. 한 달에 무려 3번씩이나 링에 올라야 하는 살인적인 일정이었죠. 이 기간 서정권은 전일본직업선수권대회 타이틀을 차지했을 뿐만 아니라, 일본으로 원정 온 미국 복서 오다넬을 이기기도 했습니다. 서정권이 일본에서 거둔 전적은 27전 27승(11KO)으로, 일본 프로 복싱에서 현재까지도 깨지지 않는 최다 연승 기록입니다. 일본은 패배를 몰랐던 사나이 서정권을 '복싱의 신'이라 불렀습니다.

동양인 최초로 메디슨 스퀘어 가든에 서다

서정권이 일본 복싱계를 제패하자 이제 일본에서는 서정권과 경기를 하겠다는 선수가 없었습니다. 그때 주일미국대사가 서정권에게 미국 진출을 돕겠다며 연락해 왔습니다. 스승 와타나베도 그에게 미국 진출을 권유하며 매니저 역할을 자처했습니다. 와타나베 또한 일본에서는 서정권의 경기 상대를 구할 수 없다는 것을 잘 알고 있었기 때문입니다. 이렇게 해서 서정권은 20세의 나이에 스승을 따라 미국 땅에 발을 딛게 되었습니다.

미국에서 서정권은 플라이급에서 한 체급을 올려 밴텀급으로 활약했습니다. 1932년 5월 27일 열린 미국 프로 복싱 데뷔전의 상대는 잭 카노였습니다. 서정권은 이 데뷔전부터 내리 4연속 KO승을 거두며 미국 복싱계에 화려하게 등장했습니다. 샌프

란시스코 언론은 그를 '동양에서 온 철권 리틀 조'라 불렀죠. 그런데 샌프란시스코에서의 경기 일정은 무척 혹독해서 일주일에 한 번꼴로 링에 올라야 했습니다.

게다가 대전료의 3분의 2를 매니저로 동행한 와타나베가 가져가자 서정권은 미국인 매니저 프랭크 타보어와 손을 잡고 활동 무대를 미국 전역으로 넓혔습니다. 그의 주요 무대는 로스앤젤레스와 뉴욕이었습니다. 다행히 타보어는 조선의 식민지 상황을 이해하고 동정하는 인물이었습니다. 타보어가 매니저를 맡은 후 서정권의 이름은 '조 데이켄'에서 '코리안 조'로 바뀌었습니다. 본래 썼던 '조 데이켄'은 서정권의 한자명을 일본식 발음으로 표기한 이름이었죠. 여기에 그치지 않고 타보어는 "서정권 선수는 멀지 않은 장래에 챔피언이 될 것이다"라며 수차례 〈동아일보〉에 서정권의 활약을 소개하는 편지를 보내기도 했습니다.

서정권의 작은 체구, 빠른 몸놀림, 화려한 기술과 강력한 펀치에 미국은 열광했습니다. 거의 모든 경기가 매진되었습니다. 그는 특히 뉴욕의 메디슨 스퀘어 가든에서 절정의 실력을 발휘했습니다. 당시 최고의 스타들만이 무대에 올랐던 메디슨 스퀘어 가든에서 서정권은 리틀 판초, 영 토미, 스피디 다토 등과 대결을 펼쳤습니다. 미국에서 활동한 3년 동안 그는 57전 49승(36KO) 5패 3무라는 놀라운 성적을 냈습니다. 서정권은 밴텀급

서정권과 프랭크 타보어

세계 랭킹 6위에 오르며 한국과 일본을 통틀어 최초로 세계 랭킹 10위권 이내에 이름을 올린 선수가 되었습니다.

금의환향 그리고 불우했던 노년

서정권은 1935년에 한국으로 귀국했습니다. 먼저 들른 일본 요코하마에서 대대적인 환영을 받았고, 부산, 대구를 거쳐 9월 15일 서울역에 도착했죠. 그가 서울에 도착하자 도시 전체가 들

썩였습니다. 서울역에는 1,000여 명의 환영객이 운집했고 조선
총독부는 카퍼레이드까지 준비했습니다. 총독부가 준비한 차
와 신문사를 비롯한 단체들이 제공한 차량을 합치면 모두 20대
에 이르렀습니다. 서정권은 맨 앞에서 달리는 차에 올라 남대문
에서 동대문까지 카퍼레이드를 벌였습니다. 서울을 시작으로 수
원, 예산, 대구, 광주 등 전국 각지에서 환영식이 열렸습니다. 서
울 동대문에서 열린 환영식에서는 6,000여 명이 모인 가운데 여
운형이 격려 연설을 하기도 했습니다.

서정권은 미국에서 명성만큼이나 많은 재산을 모았습니다.
자동차가 귀했던 1930년대에 일본 총독이 타던 '링컨 컨티넨탈'
을 수입해 타고 다닐 정도였어요. 미국에서 경기당 최고 5천 원
(현재 가치 1억 2천만 원)의 파이트머니를 받았다고 하니 금세 부자
가 되었겠죠? 서정권은 1936년 〈신인문학〉과의 인터뷰에서 미
국에서 모은 재산이 수십만 원에 이르렀다고 밝히기도 했습니다.

그러나 그의 노년은 불운했습니다. 너무 일찍 크게 성공했
던 탓인지 재산을 제대로 관리하지 못했죠. 1959년엔 서울 달동
네 오막살이에서 남루한 옷을 걸친 채 죽을 끓여 먹으며 살고 있
는 서정권의 소식이 전해지기도 했습니다. 그렇게 철권 서정권
의 파란만장한 삶은 1984년 스러졌습니다.

일제 강점기와 스포츠 용어

일제 강점기 조선에는 정치, 경제, 사회, 예술 등에서 새로운 제도와 지식이 일본을 거쳐 들어왔습니다. 일본이 영어나 독일어 등의 원서를 일본어로 번역하면, 우리는 일본어판 번역서를 다시 한국어로 번역해서 배우고 익혔습니다. 그러다 보니 많은 스포츠 용어를 표기할 때도 일본식 용어를 사용하게 되었습니다.

예를 들어 야구에서 투수가 던진 공이 타자의 몸에 맞는 경우를 영어로 '히트 바이 피치'라고 하나 우리는 일본에서 부르는 대로 데드볼 또는 사구(死球)라고 부릅니다. 배구에도 일본의 영향을 받은 흔적이 많습니다. 공을 띄우는 기술인 '토스', 공을 받아내는 기술인 '리시브'는 일본식 영어입니다. 사실 토스는 '세트', 리시브는 '범프'가 국제 표준 용어입니다. 포지션 이름인 레프트, 라이트, 센터도 일본식 명칭이죠. 그래서 한국배구연맹(KOVO)은 2022년 순천·도드람컵 프로배구대회부터 포지션 이름을 국제 표기에 맞춰 변경했습니다. 이에 따라 레프트는 아웃사이드 히터(OH), 라이트는 아포짓 스파이커(OP), 센터는 미들 블로커(MB)로 바뀌었습니다.

글로벌 시대에 우리끼리만 통하는 용어를 군이 사용할 필요는 없겠죠. 지금부터라도 국제 표준 용어를 사용하는 것이 바람직할 것입니다.

성평등을 위한 1달러

동일 노동, 동일 임금!

#부조리에 맞서다

사교성					
천재성					
노력					
행복					
수명					

5

성차별 없는
세상을 위해
빌리 진 킹

1943~

미국 캘리포니아주 출생
테니스 선수, 성평등 사회운동가

특이사항

6년간 세계 랭킹 1위, 성 대결 경기 승리
세계여자테니스협회 설립

인간은 누구나 동등하고 귀하게 존중받을 권리를 갖고 있습니다. 물론 개인의 능력과 노력에 따라 사회적 지위와 경제적 격차는 발생할 수 있습니다. 그런데 만약 누군가가 피부색, 출신 지역, 종교, 성별에 따라 다른 사람을 차별하고 무시한다면 이는 분명 인간으로서 동등하게 존중받을 권리, 즉 '인권'을 침해하는 행위입니다.

세상에는 인종, 지역, 학력 등에 따른 수많은 차별이 존재하는데요. 성차별도 그중 하나입니다. 많은 여성이 단지 여성이라는 이유로 부당하게 대우받아 왔고 현재도 사회적 불이익이 사라지지 않고 있습니다. 그런데 중요한 것은 차별 그 자체보다도 차별을 없애기 위한 노력입니다. 수많은 이들의 노력 덕분에 차별이라는 견고한 벽은 조금씩 허물어져 왔습니다.

스포츠에서의 성차별

성차별은 스포츠에도 존재합니다. 모두에게 정정당당한 경기를 강조하는 스포츠에서 어떻게 성차별이 존재할 수 있을까요? 여성 선수는 남성 선수보다 연봉이 적고, 훈련 비용도 적게 지원받습니다. 스포츠에 참여할 기회 자체 또한 남성에 비해 적습니다. 스포츠를 좋아하는 남학생은 스포츠 클럽이나 학교 운동부에서 어렵지 않게 스포츠를 배울 수 있지만, 여학생이 스포츠를 배울 수 있는 기회는 제한적입니다. 여학생이 다닐 수 있는 스포츠 클럽, 학교 운동부의 수가 적기 때문입니다. 한국에서 배구는 남자보다 여자 리그가 더 인기를 끌고 있습니다. 하지만 여성 선수들의 연봉은 남성보다 적습니다. 2021~2022년 시즌 한국배구연맹 여자부의 평균 연봉은 1억 100만 원인 반면 남자부 평균 연봉은 1억 7,800만 원입니다. 여성은 은퇴 후에 지도자가 될 기회도 적습니다. 2024년 한국배구연맹 여자부 7개 팀의 감독 중 여성 감독은 1명도 없습니다.

다른 종목은 어떨까요? 축구 국가대표 팀 선수들이 해외 원정 경기를 위해 비행기를 탈 때, 남자 대표 팀은 비즈니스석에 타지만 여자 국가대표 팀은 이코노미석에 탑니다. 파주 축구 국가대표 트레이닝 센터(NFC)의 한 끼 식단 단가도 남자가 여자보다 높게 책정되어 있습니다. 이처럼 인기 종목만 봐도 성차별이 분명히 존재하고 있음을 알 수 있어요.

　왜 스포츠에 성차별이 존재하는 것일까요? 우리 사회의 문화적 전통과 사회적 규범이 그대로 스포츠에 이입되었기 때문입니다. 오랫동안 인류 사회의 중심에는 남성이 있었습니다. 남성이 여성보다 신체적으로나 정신적으로 우월하다는 잘못된 믿음이 여성의 역할을 한정적으로 제한한 결과 스포츠에서도 성차별이 발생하는 것입니다.

동일 노동, 동일 임금

　미국의 경제 전문지 〈포브스〉는 매년 스포츠 스타들의 소득을 발표하는데, 여성 선수의 상위 소득 랭킹은 언제나 테니스 선수들이 차지합니다. 2021년 랭킹에서는 일본의 오사카 나오미 선수가 5,730만 달러로 1위를 차지했죠. 〈포브스〉가 소득 랭킹을 처음 발표한 1990년 이후 테니스 선수가 소득 랭킹 1위를 빼앗긴 적은 단 한 번도 없습니다. 2021년 소득 랭킹 톱 5에선 4명이 테니스 선수였고, 2019년 톱 10은 모두 테니스 선수로 채워졌습니다. 왜 여성 스포츠 선수 중 유독 테니스 선수들의 소득이 높을까요? 어느 테니스 선수의 헌신이 있었기 때문입니다. 빌리 진 킹은 1960년대와 1970년대 여자 테니스를 지배했던 선수입니다. 하지만 빌리 진 킹이 역사상 최고의 테니스 선수로 기억되는 이유는 단순히 실력이 뛰어나서가 아니라 성평등 사회운동가로서 여성 선수들의 권익 수호에 크게 기여했기 때문입니다. 킹은 여자 선수들을 보호하기 위해 1973년 세계여자테니스협회(WTA), 1974년 여성스포츠재단(WSF)을 창설했습니다. 그리고 여성이 남성과 똑같은 상금을 받아야 한다는 '동일 노동, 동일 임금' 원칙을 주장해 현실로 만들어 냈죠. 차별 없는 세상을 만들기 위해 한평생을 바친 것입니다.

세계 테니스계 또한 그의 헌신을 다양한 방법으로 인정했습니다. 킹은 1987년에는 테니스 명예의 전당에, 1980년에는 여성스포츠 명예의 전당에, 1990년에는 전미 여성 명예의 전당에 이름을 올렸습니다. 미국테니스협회(USTA)는 2006년 US오픈이 열리는 경기장의 명칭을 '빌리 진 킹 내셔널 테니스 센터'로 바꿨고, 국제테니스연맹(ITF)도 페드 컵으로 불리었던 여자 테니스 국가 대항전을 2021년부터 '빌리 진 킹 컵'으로 명명했습니다.

오리지널 9과 버지니아 슬림스 서킷

1960년대까지 테니스는 아마추어들의 무대였습니다. 당시만 해도 테니스는 프로와 아마추어를 엄격하게 구별했고, 메이저 대회를 비롯한 모든 챔피언십의 출전 자격은 아마추어에게만 주어졌습니다. 1877년 1회 대회를 개최해 가장 오랜 역사를 지닌 테니스 대회인 윔블던선수권대회는 1968년이 되어서야 프로 선수에게 참가를 허가했습니다. 이때부터 프로와 아마추어가 함께 참가하는 오픈 대회가 시작되었고, 1970년대부터는 프로 선수들의 활약이 활발해졌습니다. 그러나 여성 선수들에게는 불만이 있었습니다. 여성 대회 상금이 남성 대회 상금보다 터무니없이 낮았기 때문이에요.

킹은 1970년 이탈리아 오픈 여자 단식에서 우승한 뒤 처음으로 '남성 선수와 똑같은 상금을 달라'라고 주장했습니다. 그가 받은 우승 상금은 600달러로, 남자 단식 우승자 일리에 너스타세가 받은 3,500달러의 6분의 1 정도밖에 되지 않았습니다. 당시는 남녀 차별 철폐를 쉽게 주장하기 힘든 시절이었습니다. 남성 위주의 대회 운영과 인맥 등 차별의 벽이 높았기 때문이죠.

같은 해에 또 다른 테니스 대회인 퍼시픽 사우스웨스트 챔피언십이 열렸습니다. 그런데 이 대회에서는 남성과 여성의 상금 비율이 12:1이었습니다. 여성의 상금이 남성의 10분의 1에도

> 🎾 **지식 더하기**   ⊗ ⊖ ⊗
>
> 오픈 대회
> 프로와 아마추어 모두 참가할 수 있는 테니스 대회. 대표적으로 '그랜드슬램'이라 불리는 US오픈테니스선수권대회, 호주오픈테니스선수권대회, 프랑스오픈테니스선수권대회(롤랑가로스), 전영오픈테니스선수권대회(윔블던선수권대회)가 있다.

빌리 진 킹의 경기 모습

미치지 못하자 불만이 폭발한 킹은 〈월드 테니스 매거진〉 발행인 글래디스 헬드먼을 찾아가 도움을 요청하고, 과감한 도전을 시작했습니다. 킹은 대회 불참을 선언하고, 같은 기간에 여성 선수들이 참가하는 별도의 대회를 개최했어요. 대회명은 후원 기업의 담배 이름을 따서 '버지니아 슬림스 오픈'이라고 지었습니다. 이 대회에 참가한 8명의 선수는 참가비로 1달러만을 받았습니다. 여기에는 단돈 1달러에 성평등을 위한 투쟁에 나서겠다는 상징적인 의미가 있었습니다. 버지니아 슬림스 오픈을 개최한 9명의 멤버는 킹을 포함한 미국 선수 6명, 호주 선수 2명, 기획자 1명이었고 이들은 이 대회를 현재의 세계여자테니스협회로 키워 냈습니다. 이들이 이룩한 특별한 업적을 기념하기 위해 9명의 멤버를 '오리지널 9'이라 부릅니다.

버지니아 슬림스 오픈에 참가한 8명의 선수들은 미국테니스협회와 호주테니스협회로부터 제명당하는 고난을 겪어야 했습니다. 당시엔 국제테니스연맹(ITF)의 전신인 국제론테니스연맹(ILTF)이 세계 테니스계를 이끌었는데, ILTF가 주관하는 대회에 참가하지 않았다는 것이 그 이유였죠. '감히 여성이 참가하는 대회를 따로 만들다니!' 테니스계가 뒤집혔습니다. 그러나 킹은 "8명의 선수들은 하나같이 어차피 얼마 못 받는데 무서울 게 없다는 마음이었다"라고 당시를 회고합니다. 이 대회의 개최로 자신감을 얻게 된 킹은 '버지니아 슬림스 서킷'이라는 또 다른 대회를 기획해 미국 전역을 돌며 19번의 토너먼트 대회를 열었습니다. 오리지널 9은 이 경험을 바탕으로 드디어 1973년 세계여자테니스협회를 설립할 수 있었어요.

전 세계가 주목한 성 대결

1973년 9월 20일, 전 세계 테니스 팬들이 주목한 경기가 열렸습니다. 미국 휴스턴 애스트로돔에서 열린 이 테니스 경기는 9천만 명이나 되는 시청자가 지켜봤죠. 어떤 경기였길래 이토록 많은 사람의 이목이 집중되었을까요? 이 경기는 빌리 진 킹과 보비 릭스의 성(性) 대결이었습니다. 릭스는 1930~1940년대에 활약하며 세계 랭킹 1위까지 올랐다가 은퇴한 선수였는데, 킹과 경기를 펼친 당시 나이는 55세였습니다. 킹은 29세였죠.

이 대결은 보비 릭스의 도발로 이뤄졌습니다. 릭스는 지독한 남성우월주의자였어요. "US오픈에서 남녀 선수가 똑같은 상금을 받는다는 것은 있을 수 없는 일"이라고 주장하며 "여자가 있어야 할 곳은 부엌이다"라는 독설을 내뱉는 인물이었습니다. 릭스는 "여자 선수는 실력이 떨어지기 때문에 내가 지금 붙어도 현역 선수를 이길 수 있다"라고 큰소리치며 킹에게 도전장을 내밀었습니다. 킹이 이 대결을 거부하자 그는 킹의 라이벌이었던 마거릿 코트를 지목했고, 마거릿 코트와 대결해 2 대 0으로 승리했습니다. 기고만장해진 릭스는 더욱 자극적인 말로 킹을 압박했어요.

결국 빌리 진 킹은 보비 릭스와의 대결에 나섰습니다.

"전 세계를 어깨에 짊어진 느낌이었다. 만약 내가 지면 전 세계 여성의 권익이 50년 정도 후퇴하게 된다고 생각했다. 침착하게 이

상황에 대처해야겠다고 마음을 다잡았다.”

결과는 킹의 세트스코어 3 대 0(6-4, 6-3, 6-3) 완승이었습니다. 킹은 승리가 확정된 순간 라켓을 하늘로 내던지며 마음껏 기쁨을 발산했습니다. 두 사람의 대결은 사람들 사이에서 자주 회자되는 유명한 사건이 되었습니다. 이 이야기는 2017년에는 영화 〈빌리 진 킹: 세기의 대결〉에 소개됐고, 다큐멘터리 〈필요한 스펙터클〉로 제작되기도 했습니다.

그러나 승리의 기쁨만이 전부는 아니었어요. 킹은 “55살 아저씨를 꺾은 건 조금도 기쁘지 않고, 많은 사람이 테니스에 관심을 갖게 된 것이 기쁘다”라고 말했습니다. 여자 선수로서 남자 선수를 이긴 것이 과연 자랑스러운 일일까요? 반대로 남자 선수가 여자 선수를 이기면 대단한 일일까요? 사람들은 남자와 여자의 테니스 대결이란 점에 관심을 가졌지만, 사실 남녀의 대결은 아무 의미가 없습니다. 그보다는 1970년대 미국에 성차별이 공공연했다는 것과 킹이 무릎 꿇지 않고 도전했다는 사실에 주목해야겠죠. 〈뉴욕 타임스〉는 보비 릭스를 ‘아름다운 사기꾼의 초상’이라 표현하며 ‘도발적인 행동으로 돈을 벌 줄 아는 비즈니스맨’이라 평가했습니다.

최고가 되어야 했던 이유

"사람들이 여자 말은 잘 듣지 않으리란 걸 알았기 때문에 저는 최고가 돼야 했습니다. 최고가 돼야 더 많은 것을 이룰 수 있고 나를 위한 판이 깔릴 테니까요."

1943년 태어난 빌리 진 킹은 11살 때 테니스를 시작했습니다. 그녀가 이름을 본격적으로 알리기 시작한 건 1961년 윔블던 대회에서였어요. 이 대회에 18살의 나이로 출전한 킹은 최연소 여자 복식 우승을 기록하며 주목받기 시작했습니다. 이후 여자 테니스의 역사는 킹이 다시 썼다고 해도 과언이 아닙니다. 1983년 은퇴까지 단식 통산 695승, 메이저대회 통산 39승이란 대기록을 남겼죠. 킹은 1967년 윔블던에서는 단식, 복식, 혼합복식을 모두 석권하며 3관왕에 오르기도 했고 무려 6년 동안 세계 랭킹 1위 자리를 지킨 철의 여인이기도 했습니다.

킹은 12살 때 자신이 다니던 테니스장의 풍경을 보고 최고가 되겠다는 다짐을 했다고 합니다. "그곳에 있는 모든 사람은 흰 신발을 신고 흰옷을 입은 백인이었어요. 그래서 '다른 사람들은 어디에 있는 걸까?' 하는 질문이 제 머릿속을 떠나지 않았죠." 킹은 어린 시절부터 차별과 불평등한 세상의 문제점을 인식했고,

윔블던에서 우승하고 트로피를 들어 올리는 빌리 진 킹

최고의 선수가 되어 평등을 위해 싸우겠다고 다짐했습니다. 평생 여성 테니스 선수들을 위한 대회와 단체를 만들고 남성과 동등한 권익을 보호받을 수 있도록 이끌었으니, 킹이 자기 자신과의 약속을 지켰다고 할 수 있겠죠?

1974년 킹이 설립한 여성스포츠재단의 슬로건은 그의 삶을 한마디로 요약합니다. '스포츠를 통해 여성의 삶을 진전시킨다.'

테니스는 킹에게 단순한 스포츠가 아니라 우리의 삶, 우리가 살아가는 세상을 발전시키기 위한 무기이자 도구였습니다.

빌리 진 킹

테니스 서브가 빠를까, KTX가 빠를까

공 스피드가 가장 빠른 구기종목은 테니스입니다. 크로아티아의 이보 카를로비치가 2011년 3월 데이비스컵 월드 그룹 1회전에서 시속 251킬로미터를 기록했는데요. 국제테니스연맹이 카를로비치의 기록을 세계 최고로 인정했습니다. 종전 최고 기록은 앤디 로딕의 250킬로미터였습니다. 메이저리그 최고의 강속구가 2010년 어롤디스 채프먼의 시속 170.3킬로미터라는 걸 생각하면 엄청난 속도입니다. 국내 프로야구 리그에선 한화 이글스의 문동주가 2023년 4월 12일 기아 타이거즈전에서 시속 160.1킬로미터를 던져 국내 투수 중 최초로 시속 160킬로미터를 돌파했습니다.

축구 선수들의 슈팅도 만만치 않습니다. 2012년 당시 파리 생제르맹의 즐라탄 이브라히모비치는 니스전에서 시속 180킬로미터에 이르는 로켓 프리킥을 선보였습니다. 골키퍼가 방향을 읽었지만 공이 너무 빨라 막아 낼 수 없는 슛이었는데요. 공이 골라인을 넘기까지 1초도 안 걸렸습니다. 배구 선수들의 스파이크 서브도 시속 100킬로미터를 간단히 넘깁니다. 국내 프로배구에서 나온 최고 시속은 레안드로의 117킬로미터입니다. 양궁 선수들이 쏘는 화살은 시속 200킬로미터를 넘습니다. 여자 선수들의 화살은 시속 200킬로미터대 초반, 남자 선수들이 쏜 화살은 최고 시속 220킬로미터로 날아갑니다. 배드민턴 셔틀콕은 순간 최고 시속 330킬로미터까지 기록합니다. 이 정도면 눈에 안 보일 정도죠.

 야구에서 마운드와 홈플레이트 사이의 거리는 18.44미터입니다. 시속 151킬로미터의 공이 포수 미트에 꽂히기까지 걸리는 시간은 0.4초입니다. 타자는 공을 본 뒤 뇌에 정보를 전달하고 판단해 근육을 통해 반응하죠. 인간의 신체적 반응시간이 0.2초, 배트 스피드를 시간으로 계산하면 0.2초 정도니 공을 보자마자 판단하고 배트를 휘둘러야 타이밍을 맞출 수 있는 셈입니다. 물리적으로는 시속 160킬로미터 이상의 강속구는 절대 칠 수 없다는 뜻이기도 하고요. 그러나 시속 150킬로미터 이상의 강속구를 쳐서 안타를 만들어 내는 타자도 많이 있습니다. 신체적으로 인간의 한계를 뛰어넘었다고도 할 수 있는데요. 어떻게 이런 일이 가능할까요? 끊임없는 훈련과 경험 때문입니다. 시속 150킬로미터가 넘는 공을 정확하게 눈으로 보고 배트 중심에 맞히는 것은 불가능합니다. 미리 투수의 공을 예측하기도 하고 공을 본 순간 몸쪽 공인지, 바깥쪽 공인지 판단하거나, 밀어칠지 당겨칠지 결정하는 것을 몸이 반사적으로 반응하도록 만들어 냈다고 할 수 있죠. 과학을 뛰어넘는 게 인간의 노력이라고 할 수 있습니다.

6

대한민국 최초의 올림픽 메달

김성집

1919~2016

서울 출생
역도 선수, 스포츠 행정가

특이사항

꼿꼿한 성품, 선수촌의 염라대왕
대한체육회 부회장, 올림픽 선수단장 역임

1948년 8월 10일 런던 하늘에 태극기가 휘날렸습니다. 올림픽에서 '대한민국'이라는 이름으로 게양된 최초의 태극기였습니다. "이것이 그토록 원했던 광복이로구나!" 역도 미들급에서 합계 380킬로그램으로 동메달을 차지한 김성집은 가슴이 벅찼습니다. 이 메달은 대한민국 국적의 선수가 얻어 낸 최초의 올림픽 메달이었습니다.

김성집은 만 17세 때 이미 세계 신기록을 수립했지만 일제의 억압으로 올림픽에 참가할 수 없었습니다. 일제의 탄압으로 모두가 불행했던 시절에 그 또한 울분을 삼켰지만, 결코 좌절하지는 않았습니다. 김성집은 해방 후 우리 민족이 대한민국이라는 이름으로 참가한 첫 번째 올림픽에서 동메달을 따냈고, 한국전쟁 중이었던 1952년 헬싱키 올림픽에선 2회 연속 동메달을 목에 걸었습니다. 그는 꼿꼿한 성품으로 부정을 멀리하며 원리 원칙에 충실했고, 마지막까지 삶에 대한 성실한 태도를 잃지 않았던 선수입니다. 그는 선수 시절을 이렇게 회고했습니다. "춥고 배고팠지만, 허리띠를 졸라매고 운동에 전념했다. 한국을 세계에 알릴 수 있어 좋았고 국민의 사랑을 받아 행복했다." 이는 혼란과 궁핍의 세월을 성실하게 살아 낸 한 체육인의 고백이었습니다.

대한민국이라는 이름으로 따낸 메달

1948년 6월 18일, 지금은 사라진 동대문 서울 운동장에서 1948년 런던 올림픽 선수단의 결단식이 열렸습니다. 대한민국이라는 국가가 처음으로 참가하는 올림픽이었기에 올림픽 출전을 앞둔 선수들은 감격스러워했죠. "이제야 내 나라를 대표해 올림픽에 출전하는구나!" 그러나 현실은 암담했습니다. 당시는 아직 대한민국 정부가 수립되지 않은 시기였습니다. 선수단을 지원할 정부가 없었기에 올림픽 경비 마련조차 어려웠습니다. 그래서 대한올림픽위원회는 '올림픽 후원권'으로 발행된 복권을 100만 장 팔아 8만 달러의 수익금을 모았습니다. 미군정청도 후원금을 모아 선수단을 지원했습니다.

2012년 런던 올림픽에 참가한 선수단은 전세기를 타고 런

김성집

던에 도착한 뒤 현지 적응과 컨디션 관리를 위해 스포츠 과학이 총동원된 지원을 받았지만, 1948년 런던 올림픽은 주먹구구식이었습니다. 서울에서 런던까지 배와 비행기, 열차를 타고 20여 일이나 이동해야 했죠. 대한민국 선수단은 서울에서부터 부산, 후쿠오카, 요코하마, 홍콩·상하이, 방콕, 캘커타, 봄베이, 카이로, 로마, 암스테르담 등 많은 국가를 거치는 길고 긴 여행을 거쳐 런던에 도착할 수 있었어요. 런던까지 이동하는 동안 배와 비행기에서 멀미를 하는 선수들이 많았습니다. 컨디션 관리나 현지 적응은 생각지도 못했고, 오직 날짜에 맞춰 런던에 도착하는 것에 급급했습니다. 경기가 열린 날, 역도 선수 김성집의 컨디션은 다행히 썩 좋지도 나쁘지도 않았다고 합니다. 그러나 현지에서 훈련 도중 허리를 다쳐 부상을 안고 있었죠. 먼저 출전한 56킬로그램급 이규혁과 60킬로그램급 남수일이 모두 4위를 기록하자 메달에 대한 부담감도 커졌습니다.

당시 역도는 추상, 인상, 용상 세 종목에서 경기가 열렸습니다. 1972년 뮌헨 올림픽을 마지막으로 추상은 폐지되었고요. 김성집은 주종목이었던 추상에서 122.5킬로그램을 들어 올리며 세계 신기록을 작성했어요. 그러나 인상에서 112.5킬로그램, 용상에서는 145킬로그램으로 합계 380킬로그램을 들어 올리며 다소 부진한 성적을 냈습니다. 같은 무게를 들어 올린 이집트의 엘

1948년 런던 올림픽 역도 미들급 시상식

투니의 몸무게가 김성집보다 1.92킬로그램 가벼워 김성집에게
는 동메달이 주어졌습니다. 올림픽 대표 선발전에서 들어 올렸
던 385킬로그램에 5킬로그램 뒤진 기록이어서 아쉬움을 달래야
했습니다.

　그럼에도 김성집은 시상대에 올라서 태극기를 본 순간 눈
물을 흘렸습니다. '아! 이런 거구나. 내 나라를 대표해 참가해 태
극기를 보는 것이 이런 거구나. 이것이 그토록 원했던 광복이로
구나.' 김성집은 시상대에서 눈물을 흘리며 떠올렸던 감격을 이
렇게 설명했습니다. 이 메달은 우리 민족이 대한민국이라는 이

름으로 올림픽에서 획득한 최초의 메달이었습니다.

전쟁 중에 참가한 올림픽

1950년 6월 25일 한국전쟁이 발발했습니다. 서울 토박이였던 김성집은 경상남도 진해로 피난을 갔습니다. 그리고 태극 마크가 새겨져 있는 유니폼은 모두 불태워 없앴습니다. 혹시라도 인민군에게 붙잡히면 생명을 잃을 수도 있기 때문이었죠.

전쟁으로 모두가 피폐해진 시절, 이 땅의 모든 생명이 목숨을 부지하기 위해 애를 썼습니다. 헐벗고 굶주리는 생활이 이어졌죠. 전쟁 중이었기에 1952년 헬싱키 올림픽의 참가 여부를 놓고 국내에서는 첨예하게 의견이 엇갈렸습니다. '차라리 총 들고 전선에 나가 싸우지, 한가롭게 해외에 나가 올림픽에 참가한단 말인가!'라는 생각과 '총 들고 싸우는 것만이 나라를 살리는 것은 아니다. 올림픽에 참가해 우리가 자유를 위해 목숨 걸고 싸우고 있다는 것을 전 세계에 알려야 한다'라는 의견이 팽팽하게 맞섰습니다. 그러다가 1952년 에이버리 브런디지 IOC 위원장이 '한국이 올림픽에 참가하면 좋겠다'라는 뜻을 전해왔고, 국회는 만장일치로 올림픽 파견 동의안을 가결했습니다.

올림픽 후원회는 배지와 학용품을 팔아 경비를 조달했고, 유엔군 사령부와 미8군도 후원금을 보탰습니다. 김성집은

1952년 3월 31일 대구극장에서 열린 올림픽 대표 선발전에서 합계 387.5킬로그램으로 미들급 1위를 차지해 선수 겸 감독으로 헬싱키 올림픽에 참가하게 되었죠. 그리고 그해 7월 26일, 헬싱키 올림픽 역도 미들급에서 합계 382.5킬로그램을 들어 올려 동메달을 차지했습니다. 런던 올림픽에 이은 2회 연속 동메달이었습니다. 피난살이에 역기가 없어 무거운 돌을 들며 훈련했던 그에게 올림픽 2회 연속 동메달은 기적 같은 일이었습니다.

평생의 은인 서상천과의 만남

김성집은 1919년 서울에서 태어났습니다. 학창 시절 그는 키가 큰 편도 아니었고 유달리 힘이 센 것도 아니었으며, 평범하게 학업에 열중하는 모범생일 뿐이었죠. 샌님 같던 김성집은 어떻게 역도를 시작했을까요? 휘문고등보통학교에서 체육 교사 서상천을 만난 것이 운동에 입문한 계기였습니다.

서상천은 역도를 우리나라에 도입한 인물입니다. 그는 자신의 집에 중앙체육연구소를 차려 역도를 가르쳤고, 《현대체력증진법》이라는 책을 써서 학생들에게 소개하며 역도를 전파했습니다. 김성집은 15살이었던 휘문고보 2학년 때 이 책을 읽고 역도에 매료돼 중앙체육연구소를 찾아갔습니다. 크지 않은 체격이었지만 타고난 근력을 갖고 있었고, 온순하고 신중한 성격은 역도에 적합했습니다. 그의 재능을 알아본 서상천은 그에게 무료로 역도를 가르쳐 주었습니다. 김성집에게 서상천은 평생의 은인이었습니다. 역도 입문 6개월 반 만에 김성집은 1933년 전조선역기대회 60킬로그램급에 출전해 5위를 기록했습니다. 1934년엔 2등, 1935년엔 75킬로그램급에서 1위에 오르며 '역사(力士)' 김성집의 이름이 본격적으로 조선 땅을 넘어 일본에까지 알려지기 시작했습니다.

일본을 놀라게 한 소년 역사

1936년은 베를린 올림픽이 열린 해입니다. 손기정이 마라톤에서 우승한 바로 그 올림픽이죠. 그해 2월 조선 대표를 뽑는 대회에서 우승한 김성집은 최종 예선에 참가하기 위해 일본으로 향했습니다. 일본의 언론이 떠들썩해졌습니다. 조선에서 온 소년 역사가 올림픽 메달에 도전할 만한 기록을 내고 있었으니까요. 그러나 일본 역도계는 김성집의 올림픽 메달을 바라지 않았습니다. 조선인을 일본 대표로 올림픽에 보낼 수 없다는 이유였죠. 김성집의 나이가 만 17세인 것을 안 일본역도연맹은 만 18세 미만의 미성년자는 대회에 참가할 수 없다는 이유로 김성집의 출전을 허용하지 않았습니다. 그래서 김성집은 할 수 없이 기록이 공식적으로 인정되지 않는 번외 경기에 출전했습니다. 그는

한국전쟁 중이었던 1952년 헬싱키 올림픽에 출전한 한국 선수들.
왼쪽부터 김성집(역도), 한수안(복싱), 최윤칠(마라톤), 김창희(역도)

317.5킬로그램이라는 기록을 내며 일본인 우승자보다 55킬로그램이나 더 들어 올렸지만, 끝내 1936년 베를린 올림픽엔 출전하지 못했습니다.

　1940년 도쿄 올림픽과 1944년 런던 올림픽은 전쟁으로 취소되었습니다. 그리고 해방 후인 1947년, 미국 필라델피아에서 세계역도선수권대회가 열렸는데요. 경기도 공보과의 미국인 고문 브리스턴의 적극적인 추천으로 국제역도연맹이 한국 선수들을 초청했습니다. 김성집은 남수일, 박동욱과 함께 참가해 단체전에서 종합 2위에 오르며 세계 역도계를 깜짝 놀라게 했습니다.

　　　　　　　　　　　　　　　　　　김성집

이후 런던 올림픽과 헬싱키 올림픽 동메달, 1954년 마닐라 아시
안게임 금메달, 1956년 멜버른 올림픽 5위를 기록한 뒤 김성집
은 40세였던 1958년 현역에서 물러났습니다.

스포츠 영웅, 국립 현충원에 잠들다

김성집은 은퇴 후 하늘의 별이 되기 직전까지 잠시도 일을
쉬지 않았습니다. 1960년대부터 1990년대까지 30년 동안 대한
민국 스포츠의 모든 사건에는 어김없이 그가 중심에 있었습니다.
그는 대한체육회 이사, 사무총장, 부회장 등 다양한 직책을 역임
했습니다. 올림픽과 아시안게임에 참가하는 선수들을 이끌기도
했는데 1966년 방콕 아시안게임, 1968년 멕시코시티 올림픽 감
독을 시작으로 1988년 서울 올림픽 부단장을 거쳐 1992년 바르
셀로나 올림픽에서는 선수단 단장을 역임했습니다. 세상을 떠났
던 2016년에도 그는 대한체육회 고문으로 활동하고 있었습니다.

은퇴 후 다양한 분야에서 체육 행정의 기틀을 잡은 김성집
의 발자취는 대한체육회 사무총장으로 활동한 무렵부터 더욱
두드러집니다. 사무총장으로 일할 때에는 강직한 성품으로 외
압이나 청탁에 휘둘리지 않아 '돌'이라는 별명을 얻었어요. 태릉
선수촌을 이끌 때는 '호랑이', '염라대왕'이라 불렸죠. 태릉 선수
촌장이 된 그는 새벽부터 온종일 선수촌을 돌며 선수들과 함께

먹고 자며 뛰었습니다. 태릉 선수촌의 지옥 훈련으로 유명한 '불암산 크로스컨트리'는 그의 머릿속에서 나온 것입니다. 김성집이 촌장으로 재직했던 1976년부터 1994년까지 18년 동안 태릉 선수촌은 세 번의 올림픽에서 금메달만 30개를 일궈 냈습니다. 2011년 대한체육회는 평생을 올림픽과 한국 스포츠에 바친 김성집을 스포츠 영웅으로 선정했습니다. 그가 세상을 떠나자 국가보훈처는 국립 현충원에 그의 마지막 자리를 마련했습니다.

대한올림픽위원회의 기적적인 탄생

　　1948년 런던 올림픽이 다가오자 한국에서는 '우리도 올림픽에 참가해 대한민국을 세계에 알리자' 하는 여론이 형성되었습니다. 알다시피 올림픽은 국가 단위로 참가하는데요. 각 국가가 올림픽에 참가하려면 국가올림픽위원회(NOC)을 만들어 국제올림픽위원회에 가입해야 합니다. 그런데 당시는 미군에 의해 군정이 실시되던 때였고 대한민국 정부는 1948년 8월 15일에야 수립되었습니다. 대한민국 정부는 물론 대한올림픽위원회도 존재하지 않았던 시절이었죠. 그러나 체육인들은 포기하지 않았습니다. 해방 후에 부활한 조선체육회는 급하게 1946년 올림픽대책위원회를 설립했습니다. 한국에 호의적이었던 에이버리 브런디지 IOC 부위원장은 한국이 올림픽위원회를 구성하고 5개 이상의 종목에서 국제경기연맹에 가입하면 IOC 가입을 도와주겠다고 약속했습니다. 이에 따라 조선체육회는 올림픽대책위원회를 대한올림픽위원회(KOC)로 전환하고 육상, 농구, 복싱, 축구, 사이클, 역도 6개 종목 단체가 국제경기연맹에 가입토록 했습니다.

　　마지막으로 1947년 6월 15일 스톡홀름 IOC 총회에서 KOC가 회원으로 승인받는 절차가 남았습니다. IOC 가입 임무는 재미 동포인 전경무라는 인물에게 맡겨졌습니다. 그런데 예기치 못했던 불운이 발생했습니다. 그가 IOC 총회에 참석하고자 김포공항에서 미군 군용기에 탑승했다가 비행기 추락 사고로 사망하고 만 것입니다. IOC 총회가 열리기 16일 전이었습니다.

여운형 KOC 위원장은 급히 재미 교포 독립운동가였던 이원순에게 사고 현장에서 수거한 서류를 보내며 IOC 총회 참석을 부탁했습니다. 그런데 비행기표는 어찌어찌 구했지만 여권이 문제였습니다. 대한민국 정부가 수립되기 이전이어서 여권을 만들 수 없었던 것입니다. 그는 궁리 끝에 스스로 여권을 만들기로 했습니다. 공문서 용지에 이름, 나이, 주소 등을 기재한 뒤 "조선체육회와 대한올림픽위원회의 요청으로 IOC 총회에 참석할 예정이다"라는 여행의 사유를 적었죠. "이게 무엇입니까?" 기가 찬 듯 어리둥절해하던 영국 영사관 직원은 영사와 한참을 의논하더니 결국 도장을 찍어 주었습니다. 이렇게 이원순은 우여곡절 끝에 영국을 거쳐 스톡홀름으로 날아가 IOC 총회에 참석할 수 있었습니다. 그는 총회장에서 쏟아진 다양한 질문에 대답한 뒤 결과를 기다렸습니다. 그리고 이튿날 총회장에 들어선 순간, IOC 위원들이 박수로 환영해 주었습니다. 한국이 IOC에 가입된 것입니다. 대한올림픽위원회가 기적처럼 정식으로 탄생한 순간이었죠.

보조 기구를 벗고
트랙으로

아름다웠고
따뜻했고 최고였다!

#가장 빠른
여자 단거리 선수

사교성					
천재성					
노력					
행복					
수명					

7

올림픽을 지배한
소아마비 소녀

윌마 루돌프

1943~1994

**미국 테네시주 출생
육상 선수, 인권 운동가**

특이사항

윌마 루돌프 재단 설립
올림픽 사상 최초 여자 3관왕

윌마 루돌프는 장애인이었지만, 세상에서 가장 빠른 여성 단거리 육상 선수로 성장했습니다. 1960년 로마올림픽에서 여자 100미터, 200미터, 400미터 계주 금메달을 따며 3관왕에 올랐죠. 소아마비를 앓아 보조 기구를 착용해야만 걸을 수 있었던 소녀가 어떻게 이토록 위대한 선수가 될 수 있었을까요? 게다가 흑인인 루돌프는 미국에서 늘 사회적 약자였습니다. 희망을 품어 볼 기회조차 없을 정도로 철저한 사회적 약자로 어린 시절을 보냈죠. 불편한 몸, 사회적 차별과 싸우는 삶을 살았던 루돌프는 인권 운동가로 활동하기도 했습니다. 동료들은 윌마 루돌프를 강인할 뿐 아니라 부드럽고 따뜻한 사람으로 기억합니다. 차별에 대항하는 강한 신념을 늘 솔직하면서도 호소력 있게 전달해서 주위 사람들을 감동하게 했죠. 고향 사람들은 그가 달렸던 마을의 79번 국도를 '윌마 루돌프 가로수길'이라 부르며 그를 추억하고 있습니다.

어머니, 나의 어머니

루돌프는 1940년 미국 테네시주 세인트 베들레헴에서 태어났습니다. 재혼한 아버지에게는 무려 22명이나 되는 자식이 있었습니다. 루돌프는 22남매 중 20번째로 태어난 아이였는데, 2킬로그램도 되지 않는 미숙아로 태어났습니다. 4살 때는 폐렴과 성홍열을 심하게 앓았습니다. 간신히 죽을 고비를 넘겼지만, 병의 후유증으로 왼쪽 다리를 움직일 수 없게 되었습니다. 병원에서는 루돌프에게 소아마비 판정을 내렸어요. 루돌프는 "의사는 내게 다시는 걷지 못할 것이라고 했지만 어머니는 다시 걸을 수 있다고 말했다. 나는 어머니를 믿었다"라고 어린 시절을 회상했습니다.

어려운 가정 형편에서도 어머니는 딸을 위해 모든 걸 아끼지 않았습니다. 가정부로 일하며 집안 살림을 책임진 어머니는 매주 버스를 타고 80킬로미터 떨어진 내슈빌의 대학 병원으로 루돌프를 데려갔습니다. 도로 공사장 노동자였던 아버지 또한 자주 아팠습니다. 루돌프는 매일 빠짐없이 물리치료와 마사지를 받아야 했지만, 병원에 자주 다닐 수 없는 형편이었죠. 그래서

윌마 루돌프

어머니는 의사에게 직접 물리치료를 배워 루돌프를 돌봤습니다. 어머니는 루돌프의 언니들에게도 물리치료를 가르쳐 동생을 돕게 했어요.

어머니의 지극정성이 통했는지 조금씩 기적이 일어났습니다. 8살 때 루돌프는 보조 기구를 착용해 걸을 수 있게 되었고, 11살 때는 보조 기구 없이도 스스로 걸을 수 있었습니다. 루돌프가 보조 기구를 풀고 발걸음을 뗀 순간, 어머니는 말없이 뜨거운 눈물을 흘렸습니다.

최고의 재능이 최고의 스승을 만나면

루돌프는 중학교에 입학한 뒤 운동을 시작했습니다. 집 마당에 농구대를 설치할 정도로 농구를 좋아한 오빠들의 영향을 받아 루돌프도 농구를 무척 즐겼습니다. 그래서 중학교에 입학하고 농구부에 들어갔는데, 선수가 되고 싶다는 욕심은 없었습니다. 다리 근육을 강하게 만들고 싶다는 소박한 목표만 있었죠. 루돌프는 버트 고등학교 진학 후에도 농구를 계속했는데, 고등학교에서 루돌프는 본격적으로 실력을 발휘했습니다. 여고부에서 한 경기 최다 득점 신기록과 시즌 최다 득점 신기록을 세운 것이죠. 루돌프는 엄청난 유망주로 떠오르며 미국 청소년 대표팀에 선발되었습니다. 지역신문이 루돌프의 활약을 정기적으로 보도할 정도였죠.

그런데 루돌프는 곧이어 또 다른 재능까지 발견하게 됩니다. 자원봉사로 고등학교 농구 심판을 하던 테네시 주립 대학의 에드워드 템플 코치의 눈에 띈 것입니다. 템플 코치는 루돌프가 육상에 적합한 신체 조건을 갖췄다며 테네시 주립 대학교에서 육상 선수로 활약하는 건 어떻겠느냐고 제안했습니다. 당시 테네시 주립 대학교 여자 육상 팀 '타이거벨스'는 세계적 수준을 자랑했습니다. 타이거벨스의 바바라 존스, 매 파그스는 1952년 헬싱키 올림픽 여자 400미터 계주에서 금메달을 따냈고, 마사 허드슨, 매들린 매닝은 1956년 멜버른 올림픽에서 메달을 딸 것이라는 기대를 한 몸에 받는 선수들이었습니다. 루돌프는 템플 코치의 제안을 받아들여 테네시 주립 대학교에 입학해 타이거벨스의 멤버가 되었습니다.

대학에서의 훈련 첫날, 루돌프는 8킬로미터를 쉬지 않고 달릴 정도로 재능을 발휘했습니다. 그러나 곧이어 부상과 슬럼프도 겪어야 했습니다. "나보다 먼저 육상을 시작한 동료들보다 내가 더 잘할 수 있을까?" 루돌프는 뛰어난 동료들 사이에서 자신감을 잃었고 회의감을 느꼈습니다. 그때마다 어머니는 고민은 그만하고 열심히 운동하라고 그를 격려했습니다.

"난 단 한 번도 그 외롭고 처절했던 어린 시절을 잊어 본 적이 없다. 하지만 그때조차도 난 아무도 할 수 없는 일을 반드시 해내겠다고 이를 악물었다."

강인한 성격의 루돌프는 끝내 포기하지 않았습니다. 템플 코치의 지도로 1년 만에 올림픽 대표로 선발될 수 있었죠.

템플 코치는 사회학과 교수로 재직하면서 무급으로 육상부를 지도할 정도로 대단한 열정을 갖고 있었습니다. 어찌 보면 별나다 싶을 정도였죠. 그는 자기 차로 선수들을 태워 다녔을 뿐만 아니라 직접 비용을 들여 훈련 트랙을 보수하기도 했습니다. 또 훈련 지도에 있어서는 매우 엄격했어요. 템플 코치는 훈련에 지각하는 선수에게 무릎을 꿇는 벌을 주었습니다. 루돌프 역시 지각했을 때 이 벌을 받았고, 트랙을 별도로 30바퀴나 더 돌아야 했습니다. 지각했다는 사실에 부끄러움을 느낀 루돌프는 다음 날부터는 30분 일찍 훈련장에 나왔습니다. 템플 코치는 특히 팀워크를 강조했는데, 그래서였는지 타이거벨스는 유독 400미터 계주에 강했습니다. 1960년 로마 올림픽 여자 400미터 계주에 출전하는 미국 대표 팀 4명 모두 타이거벨스 선수들로 선발될 정도였죠. 그만큼 템플 코치의 지도 능력은 매우 뛰어났습니다. 기자들의 질문이 루돌프에게 집중될 때마다 템플 코치는 계주에서는 늘 4명이 함께 뛴다는 것을 항상 강조했습니다.

최초의 올림픽 여성 3관왕

루돌프의 첫 올림픽은 1956년 멜버른 올림픽이었습니다. 16살이었던 루돌프는 미국 대표 팀 최연소 선수로 참가해 여자 400미터 계주에서 동메달을 차지했습니다. 올림픽 시상대에 오른 것을 계기로 루돌프는 1960년 로마 올림픽에서 금메달을 따겠다는 명확한 목표를 세우게 되었습니다. 그런데 로마 올림픽을 앞두고 루돌프는 위기를 맞았습니다. 편도염에 걸려 한동안 달릴 수 없게 된 것입니다. 수술 후 복귀했을 때 올림픽까지 남은 시간은 1년밖에 되지 않았습니다.

그러나 루돌프는 주변의 우려를 환호로 바꾸었습니다. 로마 올림픽에서의 첫 종목은 100미터였는데 루돌프는 준결승에서 세계 타이기록이자 올림픽 신기록인 11초 3으로 결승선을 통과했고, 결승에서는 그 기록을 0.3초나 줄인 11초로 금메달을 차지했습니다. 이 기록은 세계 신기록이 될 뻔했으나, 초속 2.75미터의 풍속 때문에 공식 기록으로 인정받지 못했어요. 당시 공식 기록으로 인정받을 수 있는 풍속 기준은 초속 2미터였거든요. 루돌프는 200미터 결승에서도 24초로 금메달을 거머쥐었습니다.

400미터 계주는 극적으로 펼쳐졌습니다. 마지막 주자로 나

1960년 로마 올림픽에서 경기를 펼치는 윌마 루돌프

선 루돌프는 바통 터치가 원활하지 못해 뒤늦게 출발할 수밖에 없었습니다. 1위로 출발한 독일의 유타 하이네와의 거리가 순식간에 1미터나 벌어졌어요. 그러나 루돌프는 폭발적인 스퍼트로 하이네를 0.1초 차로 따돌리며 금메달을 목에 걸었습니다.

　이렇게 해서 루돌프는 올림픽 사상 최초의 여자 3관왕이 되었습니다. 그가 바람을 가르며 빠르게 달리는 모습은 역동적이면서도 우아했습니다. 뛰어난 실력뿐만 아니라 깜찍한 외모로도 루돌프는 폭발적인 인기를 누렸습니다. 유럽에서 특히 인기를 끌었죠. 로마 올림픽 이듬해인 1961년에 루돌프는 100미터를 11초 2에 뛰면서 세계 신기록까지 수립했습니다.

그러나 루돌프는 자신이 더 발전하지 못하는 것을 견디지 못했던 것 같습니다. 1962년 "선수로서 로마 올림픽에서 이룬 것보다 더 좋은 성적을 내기 힘들 것 같다"라는 심경을 고백한 뒤 22살이라는 나이에 은퇴를 선언했어요. 루돌프의 은퇴 소식을 접한 템플 코치는 "루돌프는 미국이 그에게 해준 것보다 훨씬 더 많은 일을 나라를 위해 했다"라고 말하며 아쉬워했습니다. 루돌프는 1961년 미국 아마추어 선수들의 최고 영예인 설리번상을 수상했고 국제 여자 스포츠 명예의 전당, 미국 육상 경기 명예의 전당, 올림픽 명예의 전당, 흑인 선수 명예의 전당에 이름을 올렸습니다.

가장 중요한 것은 올림픽 금메달이 아니다

루돌프는 평생 돈을 벌기 위한 투어 경기에는 단 한 번도 나서지 않았습니다. 최고의 자리에서 스스로 내려온 후에는 초등학교 교사, 육상 코치, 스포츠 해설가 등으로 활동했어요. 로마

🎾 **지식 더하기**   ⊗ ⊖ ⊘

설리번상

미국아마추어스포츠연맹에서 미국의 가장 모범적인 운동선수에게 주는 상으로, 미국 스포츠 발전에 크게 공헌한 제임스 E. 설리번의 공적을 기리며 1930년에 제정되었다.

윌마 루돌프

클락스빌 박물관에 전시된 윌마 루돌프 동상

올림픽 직후 고향 클락스빌에선 테네시주 주지사 부포드 엘링턴이 축하 행사를 마련했습니다. 당시 미국 사회는 흑인과 백인이 공식 행사를 함께할 수 없었던 시절이었습니다. 루돌프는 백인만을 위한 잔치가 될 것을 우려해 "흑인과 백인이 함께하지 않으면 행사에 참석하지 않겠습니다"라고 단호하게 말했습니다. 루돌프의 이러한 요구로 축하 행사는 테네시주 최초로 흑인과 백인이 함께 하는 공식 행사가 되었습니다.

    루돌프의 꿈은 가난한 사람들을 돕는 것이었습니다. 자신의 이름을 딴 '윌마 루돌프 재단'을 세워 가난한 이들을 돕고 청소년 육상 경기 대회를 지원했습니다. 흑인 여성으로서 차별을 겪었기에 인권 운동에 각별한 관심을 기울이기도 했습니다. 자서전 《윌마》에서 루돌프는 "20살 나이에 성공해 전 세계의 왕이나 여왕, 대통령, 교황을 만났다고 해서 내가 달라질 것은 없다. 하루라도 빨리 진짜 나의 세계로 돌아와야 했다"라고 고백했습니다. 그의 겸손하고 따뜻한 성품을 알 수 있는 대목이죠. 그리고 루돌프는 "인생에서 정말 성공하는 비결은 지는 법을 배우는 것이다. 그 누구도 항상 패배하지는 않는다. 패배 후 다시 일어나 도전하는 법을 배운다면 언젠가 챔피언이 될 수 있다"라고 강조했는데, 이는 루돌프가 자신의 인생을 통해 스스로 느끼고 깨우친 삶의 철학이라고 할 수 있습니다.

1994년 11월 12일 54살의 젊은 나이에 루돌프는 세상을 떠났습니다. 미국여성스포츠재단은 '윌마 루돌프상'을 제정해 루돌프를 추모했고 테네시 주립 대학교는 그의 이름을 딴 실내 트랙과 기숙사를 지었습니다. 고향 클락스빌 박물관에는 루돌프의 동상이 세워졌고요. 1960년 로마 올림픽 400미터 계주에 함께 출전했던 빌 멀리컨은 "윌마 루돌프는 아름다웠고 따뜻했고 최고였다"라고 그를 기억했습니다.

윌마 루돌프

IOC 위원은 무슨 일을 하나요?

흔히 IOC라고 줄여 부르는 국제올림픽위원회(International Olympic Committee)는 올림픽을 개최하고 올림픽과 관련된 스포츠 업무를 담당하는 조직입니다. 2023년 10월 김재열 국제빙상경기연맹 회장이 IOC 위원으로 선출됐어요. 한국인으로는 12번째입니다. 국내 주요 언론이 김재열 회장의 IOC 위원 선출을 주요 뉴스로 보도했죠. IOC 위원은 도대체 무슨 일을 하길래 이렇게 주목을 받을까요?

올림픽은 고대 그리스에서 열리다 중단됐는데요. 1896년 아테네에서 제1회 근대 올림픽이 부활하면서 지금까지 이어져 오고 있습니다. 제1회 아테네 올림픽을 개최하기 위해 피에르 드 쿠베르탱이라는 프랑스의 귀족이 1894년 파리에서 국제 회의를 소집했는데요. 이 회의에서 올림픽 개최를 위해 국제 위원회를 만들기로 결정했습니다. 바로 이 국제 위원회가 IOC로 발전했고 국제 위원회 멤버가 IOC 위원이 되었죠. IOC엔 윤리 위원회, 조정 위원회, 의무 위원회, 선수 위원회 등 30개의 분과 위원회가 있는데요. IOC 위원은 분과 위원회에 소속돼서 올림픽과 관련된 전문적인 업무를 처리합니다. 올림픽 개최지 결정, IOC 수입과 지출 승인 등의 주요 업무는 IOC 위원의 모임인 총회에서 결정하는데요. IOC의 결정은 전 세계 스포츠계에 결정적인 영향을 미치기 때문에 IOC 위원 개개인도 국제 스포츠에서 영향력이 있다고 할 수 있죠. IOC 위원은 총 115명인데요. 개인 자격 70명, 선수 위원 15명, 종목별 국제연맹(IF) 대표 15명, 국가올림픽위원회(NOC) 대표 15명으로 구성됩니다. IOC 위원은 해외를 방문할 때 국빈 대접을 받습니다. 입국 비자 없이 해외를 방문할 수 있고요. 호텔 투숙 시엔 해당 위원의 소속 국가 국기가 게양됩니다. 총회에 참석할 땐 차량과 통역 안내 요원이 제공됩니다.

희망의
다른 이름

진정한
슬로 스타터!

#불굴의
스프린터

사교성					
천재성					
노력					
행복					
수명					

발로 쓴 편지
전민재

1977~

전라북도 진안군 출생
육상 선수

특이사항

40대 현역 선수, 환경에 굴하지 않는 심지
페럴림픽 2연속 은메달리스트

2014년 10월 19일 인천 장애인 아시안게임 육상 여자 T36 200미터 결승. 가장 먼저 결승선을 통과한 선수는 37살 뇌성마비 장애인 전민재였습니다. 그런데 경기가 끝난 뒤 그녀가 잠시 사라졌습니다. 모두 어리둥절했죠. 잠시 후 돌아온 그녀는 편지 한 장을 들고 있었습니다. 뇌성마비를 앓았던 전민재는 제대로 말을 할 수 없었습니다. 뒤틀어진 팔 때문에 손으로 편지를 쓸 수 없었죠. 그의 손의 들린 것은 한 글자 한 글자를 발로 꾹꾹 눌러 쓴 편지였습니다. 1등을 하면 보여 주겠다고 틈틈이 적어 놓은 편지였던 것이죠.

이후에도 발로 쓴 편지가 등장했습니다. 전민재는 2012년 런던 패럴림픽에서 은메달, 2016 리우 패럴림픽에서 은메달을 따냈죠. 메달을 목에 걸 때마다 전민재는 발로 쓴 편지로 우리의

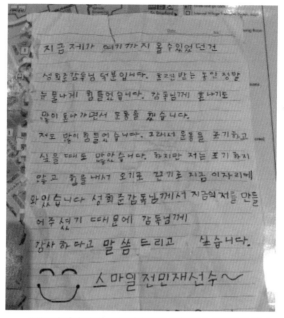

지금 제가 여기까지 올 수 있었던건
성희준감투님 덕분입니다. 훈련받는 동안 정말
눈물나게 힘들었습니다. 감투님께 혼나기도
많이 혼나가면서 운동을 했습니다.
저도 많이 힘들었습니다. 그래서 운동을 포기하고
싶을 때도 많았습니다. 하지만 저는 포기하지
않고 힘을 내서 오기로 끈기로 지금 이자리에
와 있습니다 성희준감독님께서 지금의 저를 만들
어주셨기 때문에 감독님께
감사하라고 말씀 드리고   싶습니다.
스마일 전민재선수~

2012년 런던 패럴림픽에 출전했을 때 전민재가 발로 쓴 편지

가슴을 울렸습니다. 2023년 항저우 아시안게임에선 은메달을 따낸 뒤 스마트폰을 들었습니다. 스마트폰에 저장된 편지는 음성으로 변환돼 기자들에게 전해졌습니다. 이때 전민재의 나이는 46살이었습니다.

26살에 시작한 육상

전민재는 1977년 전라북도 진안군 진안읍에서 태어났습니

다. 불행은 5살때 찾아왔어요. 전민재는 뇌염을 앓고 뇌성마비 지체장애 1급 판정을 받았습니다. 언어장애가 생겼고 팔이 뒤틀렸습니다. 그때부터 그는 세상과 멀어졌습니다. 사람을 만나지 않았고 집 밖 출입도 하지 않았습니다. 얼마나 답답했을까요. 10대 시절 그는 일기장에 '너무 힘들어서 20살까지만 살고 싶다'라고 적었습니다. 전민재는 19살에 초등 특수학교인 전주은화학교에 입학해서야 집 밖으로 나오기 시작했습니다.

전민재는 손으로는 펜을 잡을 수 없어 발로 글을 쓰는 법을 익혔습니다. 오른쪽 두 발가락 사이에 펜을 끼워 글을 쓰기 시작한 거죠. 그림 그리기를 좋아해 펜 대신 붓을 끼워 그림을 그렸고 화가를 꿈꿨습니다. 학교 사생대회에서 입상할 정도로 그림 솜씨를 인정받았죠. 그림을 좋아하던 전민재는 중학교에 입학하면서 인생의 전기를 맞이합니다. 중학교는 동암재활학교에 입학했는데요. 전민재는 중학교 2학년이었던 2003년 김행수 선생님을 만났습니다. 김행수 선생님은 전민재의 재능을 알아보고 달리기를 권유했고, 그렇게 전민재는 26살에 육상에 입문했습니다. 그는 틈나는 대로 동네 논두렁을 달리며 달리기를 익혔습니다. 하체 힘을 기르기 위해 타이어를 허리에 매고 달리는 연습을 반복했죠.

달리기 재능은 타고났지만 전민재에게는 극복하기 힘든 약점이 있었습니다. 유난히 작은 키였습니다. 146센티미터의 작은 키는 100미터, 200미터 같은 단거리 종목에서 더욱 약점으로 작용했는데요. 국제 대회에서 간발의 차이로 우승을 놓칠 때마다 '다리가 조금만 길었어도 키가 큰 외국인 선수를 제치고 1위를 할 수 있었을 텐데'라며 속상함을 속으로 삭이기도 했습니다. 그러나 포기할 수 없었습니다. 작은 키를 극복하기 위해 전민재는 스타트 훈련에 집중했고 출발선에서 좀 더 빠르게 치고 나가는 연습에 몰두했습니다. 장애인 육상에서 T는 트랙, F는 필드를 뜻합니다. 알파벳 옆 숫자는 장애의 유형과 정도를 의미합니다. T11~13은 시각장애, T20은 지적장애, T32~38은 뇌병변, T51~54는 휠체어를 뜻하는데요. 전민재 선수가 출전하는 종목

2014년 인천 장애인 아시안게임에서 경기를 펼치는 전민재

전민재

은 T36 종목입니다.

　전민재는 전국장애인체육대회, 패럴림픽, 장애인 아시안게임, 세계선수권대회에서 수없이 많은 메달을 따낸 한국장애인 육상의 스타 선수입니다. 그러나 일상생활에선 누군가의 도움이 필요한 장애인이기도 하죠. 어머니의 보살핌이 없었다면 전민재의 성공 또한 쉽게 이뤄지지 않았을 겁니다. 전민재는 "엄마도 연세가 있으셔서 힘드실 텐데 저 때문에 고생하시는 것 같아 항상 고맙고 미안하다. 언제나 제 곁에서 버팀목이 되어 주는 어머니와 가족들에게 영광을 돌리고 싶다"라고 말합니다. 2014년 인천 장애인 아시안게임에서 2관왕에 오른 직후만 해도 전민재는 사람을 만날 때 늘 고개를 숙였습니다. 전민재의 동생은 "누나가 사람이 많은 공공장소에선 아직도 고개를 숙이고 다닌다"라고 말하면서 "무엇이 이 위대한 선수를 고개 숙이게 하는지는 본인이 아니면 모를 것"이라며 속상한 마음을 내비치기도 했는데요. 이젠 전민재도 마음의 상처를 이겨 내고 더 밝은 모습을 보여 주고 있습니다.

유일한 친구이자 탈출구인 달리기

　전민재는 달릴 때만큼은 아무 잡념이 없어서 좋다고 합니다. 달리기는 전민재의 유일한 친구이자 탈출구였는데요. 달릴 때만큼은 외롭지도 않았고 삶의 무게를 느끼지도 않았습니다. 재능은 곧 빛을 발했습니다. 육상을 시작한 지 불과 1년 만인 2004년 전국장애인체육대회에서 3관왕에 올랐고요. 이후 17년 연속 전국장애인체육대회 3관왕을 기록했습니다. 2012년 런던 패럴림픽, 2016년 리우 패럴림픽에서 2회 연속 은메달을 차지했고요. 2014 인천 장애인 아시안게임, 2018년 자카르타팔렘방 장애인 아시안게임선 2회 연속 2관왕을 차지하기도 했습니다. 2023년 항저우 장애인 아시안게임에선 은메달을 추가했습니다. 항저우 장애인 아시안게임에서 경기를 마친 뒤엔 "아직 좋은 기록이 나오고 있다. 2024년 파리 패럴림픽까지 뛰겠다. 나 자신과의 싸움이라고 생각한다. 나이는 상관없다"라고 말했습니다.

파리 패럴림픽에서 전민재는 47살입니다. 비장애인도 47살까지 선수 생활을 한다는 것은 기적 같은 일이라고 할 수 있습니다. 그만큼 전민재 선수가 꾸준히 몸 관리를 하고 노력했다는 것을 알 수 있는데요. 체계적인 관리와 지원을 받기 힘들었던 전민재 선수였기에 더욱 놀라운 일이기도 합니다. 전민재는 소속 팀이 없어서 안정적인 급여와 훈련 환경을 제공받기 힘든 형편입니다. 국제 대회가 있을 때는 대한장애인체육회 소속 이천 훈련원에서 훈련하지만 국제 대회가 없을 땐 이천 훈련원에 입소할 수 없습니다. 이따금 전북체육회의 지원을 받아 코치와 함께 훈련하기도 하지만 이 역시 일시적일 뿐입니다. 코치가 없을 때는 집에서 혼자 훈련합니다. 전민재는 "훈련이 가끔 지치고 힘들지만 가장 좋아하는 일이기 때문에 감사하는 마음으로 훈련한다"라고 했는데요. 드러내진 않았지만 고단한 환경임에도 포기하지 않고 도전하는 굳은 심지가 느껴집니다.

2020년부턴 72살 노모가 전민재의 생활과 훈련 보조를 전적으로 도맡고 있습니다. 전민재는 늘 미소를 잃지 않아 별명이 '스마일 레이서'인데요. 그런 그도 레이스를 마치자마자 눈물을 흘린 적이 있습니다. 2021년 도쿄 패럴림픽 T36 200미터에서 4위를 기록하고 난 뒤였습니다. "메달 따면 엄마 목에 걸어 드리고 그동안 감사했다, 고생 많으셨다고 꼭 안아 주고 싶었다"며 흐느꼈습니다.

타이어를 메고 논두렁을 달리며

전민재에겐 은인이 있습니다. 집에만 틀어박혀 있던 그를 세상으로 이끌어 준 분, 달리기와 인연을 맺어 준 분, 세계적인 선수로 키워 준 분입니다. 전민재는 집에만 틀어박혀 있었습니다. 유일한 친구는 TV였죠. 세상과 격리된 삶이었습니다. 그런 그를 세상으로 이끈 분은 동네 목사님이었습니다. 목사님은 전민재가 학교를 다니도록 권유했고 기숙사를 갖춘 특수 초등학교와 연결해 줬습니다. 그리고 자신의 차로 월요일엔 학교까지 바래다줬고 토요일엔 집으로 데려다줬습니다. 동암재활학교에 입학해서 만나 처음 달리기를 권했던 김행수 선생님도 중요한 은인이죠. "별 생각없이 시작했는데 소질이 있다는 것을 알게 됐어요. 달릴 때 가슴이 뻥 뚫리는 것도 좋았죠. 선생님도 가능성을 보셨는지 끊임없이 채찍질과 격려를 해 주셨어요."

전민재는 육상을 시작한지 1년도 안 돼 전국장애인체육대회에서 금메달과 은메달을 목에 걸었습니다. 이윽고 국내 대회에선 겨룰 선수가 없었습니다. 2006년부터 자연스럽게 국가대표가 돼 2008년 베이징 패럴림픽에 출전했지만 아쉽게 메달을 놓쳤습니다. 200미터는 4위, 100미터는 6위였습니다. 4위와 6위도 대단한 성적이지만 전민재는 더욱더 자신을 몰아붙였습니다. 국제 대회에서 좋은 성적을 거두기 위해선 실력을 키워야 했고 그러기 위해선 혹독한 훈련이 필요하다고 생각했기 때문입니다. 어머니는 전민재가 정말 독했다고 말합니다. "내 딸이지만 정말 독해요. 직접 시간표를 짜서 하루도 거르지 않고 훈련했죠. 집 근처에 운동장이 없어 골목길을 뛰고 차도를 달렸어요. 발톱이 빠져 피를 흘리면서도 쉬지 않고 뛰었어요. 하루는 고물상에서 타이어를 사 달라고 하더니 그걸 허리에 묶고 고추밭과 논두렁을 달렸어요."

육상을 포기하고 그림을 그리려고 했지만

발톱이 빠져 피가 나도록 달렸지만 벽에 부딪혔습니다. 체력은 눈에 띄게 좋아졌지만 주먹구구식으로 혼자 하는 훈련으로는 일정 수준 이상으로 기록이 좋아지지 않았죠. 한계에 봉착했습니다. '여기까지인가' 하는 좌절을 맛본 순간이었습니다. 그만두고 싶은 생각까지 들었습니다. "힘든 육상을 포기하고 구족화가(발이나 입으로 그림을 그리는 화가)가 되려 했어요. 그러다 2009년 대표 팀의 성희준 감독님을 만나면서 다시 희망을 갖게 됐죠." 전민재의 세 번째 은인은 성희준 감독이었습니다.

전민재는 성희준 감독을 만나 체계적인 훈련을 받으며 눈에 띄게 기록이 좋아졌습니다. 2012년 런던 패럴림픽 T36 200미터와 100미터에서 은메달을 따냈습니다. 성희준 감독의 훈련은 혹독했지만 고통을 참아 낸 결과는 달콤했습니다. 전민재가 성희준 감독에게 쓴 편지에서 "지금 제가 여기까지 올 수 있었던 건 성희준 감독님 덕분입니다. 훈련받는 동안 정말 눈물 나게 힘들었습니다. 포기하고 싶은 때도 많았습니다. 감독님께 감사하다고 말씀드리고 싶습니다"라고 말한 걸 보면 악바리 전민재가 얼마나 힘든 훈련을 이겨 냈는지 짐작할 수 있습니다. "런던 올림픽에서 은메달이 확정되었을 때, 감독님이 저를 안아 주면서 처음으로 '민재야, 정말 수고했다' 하고 칭찬해 주셨습니다. 힘들었던 기억이 나면서 저도 눈물이 났어요." 성희준 감독도 전민재가 패럴림픽 은메달을 딴 뒤에야 속마음을 털어놓았는데요. "2년 전 광저우 장애인 아시안게임에서 은메달 2개를 따고 기뻐서 울 때도 일부러 매몰차게 대했다. 나이는 있지만 기록 단축 가능성이 충분히 있기 때문에 런던 패럴림픽에서 보여 주자고 더 매몰차게 대했다."

전민재는 이렇게 인생의 고비마다 은인을 만났습니다. 어쩌면 평범한 인연에 머물렀을 수도 있습니다. 은인들이 길을 보여 줬지만 힘들고 고통스러워도 참고 걸어간 이는 전민재니까요. 은인을 은인으로 만든 이도 결국 전민재 자신이라고 할 수 있습니다.

전민재는 2024년 파리 패럴림픽에서 마지막 도전을 합니다. 파리 패럴림픽에선 메달이 그렇게 중요한 것 같지는 않습니다. 이미 전민재는 많은 것을 이뤘기 때문입니다. 중요한 것은 바로 도전하고 노력하는 그 마음이겠죠. 너무 힘들어서 20살까지만 살고 싶다고 했던 전민재는 자신이 얻은 인생의 교훈을 발로 쓴 편지로 이렇게 정리했습니다. "몸이 불편한 저도 희망을 품고 매년 저와의 싸움과 도전을 하고 있으니 지금 힘든 일을 겪고 있는 분이 계신다면 희망의 끈을 놓지 마시고 열심히 노력하고 실패에 좌절하지 않고 도전한다면 좋은 결과가 있을 거예요."

바둑과 LoL이 아시안게임 종목이라고?

2023년 항저우 아시안게임에선 e스포츠가 최고의 인기를 누렸습니다. e스포츠는 우리가 흔히 즐기는 온라인 게임입니다. 항저우 아시안게임에선 e스포츠에서 7개 세부 종목 경기가 열렸는데요. 우리 선수들은 LoL, 배틀그라운드, 피파 온라인, 스트리트 파이터에 참가했죠. 성적도 좋았습니다. 4개 종목에 참가해 금메달 2개, 은메달 1개, 동메달 1개를 따냈어요.

그런데 e스포츠를 정말 스포츠로 볼 수 있을까요? 이런 종목이 또 있습니다. 항저우 아시안게임에선 바둑과 체스 경기도 열렸습니다. 브레이킹도 있었는데요. 브레이킹은 브레이크 댄스입니다. 우리가 알고 있는 스포츠와는 전혀 다른 오락이나 게임, 댄스가 아시안게임에서 열린 거죠. 우리가 알던 스포츠와는 달라 헷갈릴 수도 있지만 앞으론 올림픽이나 아시안게임에서 새로운 종목들이 더 많이 나올 겁니다. 왜냐고요? 올림픽과 아시안게임도 사람들의 관심을 계속 받아야 끊임없이 열릴 수 있기 때문입니다. 대회가 열렸는데 아무도 관심을 가지지 않는다면 시청률도 떨어지고 입장권도 안 팔리게 되겠죠. 이렇게 되면 언젠가는 올림픽도 아시안게임도 더 이상 열리지 않게 됩니다. 그렇기 때문에 아시안게임도 사람들의 관심을 받을 수 있는 경기를 계속 개발해서 개최해야 되는 겁니다. 그래서 도쿄 올림픽에선 3대3 농구, 서핑, 스케이트보드가 정식 종목으로 추가되기도 했었죠.

새로운 스포츠는 계속 등장합니다. 사람들이 더 재미있고 짜릿한 경험을 원하기 때문이죠. 새로운 경기, 뉴 스포츠가 계속 개발되면서 스포츠에 대한 관념도 계속 변하고 있습니다. 예를 들면 우리 전통 스포츠인 씨름도 전 세계적으로 인기를 끌어 세계씨름선수권대회가 창설되고 인기를 모은다면 올림픽 종목이 될 수 있다는 얘기입니다.

검은 장갑, 검은 양말, 검은 스카프

아닌 건 아니라고 해야지!

#경력과 맞바꾼 숭고한 외침

사교성					
천재성					
노력					
행복					
수명					

9

시상대에서
외친 인권

블랙 파워 살루트

1968~

멕시코시티 올림픽 최초 등장

특이사항

영구 제명과 암살 위협
올림픽헌장 50조 2항 폐지 운동

1968년 멕시코시티 올림픽 육상 남자 200미터 시상식에서는 처음 보는 풍경이 펼쳐졌습니다. 금메달리스트 토미 스미스와 동메달리스트 존 카를로스는 신발을 벗고 검은 양말을 신은 발로 시상대에 올라섰습니다. 미국 국가가 울려 퍼지자 두 선수는 고개를 푹 숙였습니다. 그리고 주먹 쥔 손을 하늘 높이 쳐들었습니다. 그들의 손에는 검은 장갑이 끼워져 있었습니다. 스미스는 목에 검은색 스카프를 두른 채 검은 장갑을 낀 오른손 주먹을 하늘을 향해 쳐들었습니다. 카를로스는 윗옷을 풀어헤친 채 왼손에 검은 장갑을 끼었고요. 무언가 불만스러운 듯한 그들의 표정과 높게 든 팔은 올림픽 시상식과 전혀 어울리지 않는 모습이었죠. 이는 올림픽 시상대에서 펼친 '블랙 파워 살루트'였습니다. 블랙 파워 살루트는 인종 차별에 대항하는 미국 흑인들의 인권 운동 퍼포먼스를 뜻해요. 시상대에 오른 선수들은 이때만 해도 자신들의 행동이 세상을 어떻게 바꿀지 상상하지 못했습니다. 또 이 행동 때문에 자신들이 받게 될 핍박도 예상하지 못했습니다.

스포츠에는 세상을 바꾸는 힘이 있습니다. 오랜 세월이 걸리긴 했지만 토미 스미스와 존 카를로스의 블랙 파워 살루트는 인권을 외친 올림픽 최고의 명장면으로 인정받게 되었습니다.

검은 스카프와 양말 그리고 흰색 배지

제시 오언스, 윌마 루돌프가 그랬듯 미국에서 흑인은 여러 차별을 겪어야 했습니다. 흑인은 가난했고 교육받을 기회가 적었어요. 그러다가 1960년대 들어 많은 흑인이 차별에 항의하며 저항했습니다. 토미 스미스와 존 카를로스도 멕시코시티 올림픽에서 흑인 차별에 항의하는 퍼포먼스를 하기로 일찌감치 마음먹었죠. 때마침 그들은 올림픽에서 좋은 성적을 냈습니다. 육상 남자 200미터 결승에서 토미 스미스는 19초 83으로 세계 신기록을 세우며 1위를 차지했고, 호주의 피터 노먼이 2위, 존 카를로스가 3위로 잇따라 결승선을 통과했습니다.

스미스와 카를로스가 시상대에서 퍼포먼스를 펼치고자 준비한 검은 양말은 '흑인의 가난'을 상징하고 검은 스카프는 '흑인

1968년 멕시코시티 올림픽 남자 200미터 결승전

의 자부심', 검은 장갑은 '흑인의 단결'을 상징하는 소품이었습니다. 이들은 이러한 소품을 미리 준비했지만, 시상식 당일 카를로스가 장갑을 빠뜨렸습니다. "어떻게 하지?" 하고 난감해하는 스미스와 카를로스에게 2위를 차지한 백인 선수인 노먼이 새로운 방법을 제안했습니다. "스미스의 장갑을 한 쪽씩 나눠서 끼지. 나도 동참할 건데 나는 배지를 달겠다." 흰색 배지는 '인권을 위한 올림픽위원회(OCHR)'의 상징이었습니다. 피터 노먼은 시상식 전에 블랙 파워 살루트에 관한 이야기를 듣고 자신도 여기에 동참하고자 했습니다. "왜 흑인은 백인과 같은 식수대에서 물을 마시지 못하는지, 같은 버스를 타고 같은 학교에 갈 수 없는지 나는 도무지 이해할 수 없다." 노먼의 눈에는 피부색으로 사람을 차별하는 것이 불공정해 보였습니다.

훗날 카를로스는 "나는 위엄 있는 흑인으로 시상대에 올라갔다. 존중받고 싶었다"라고 당시를 회상했습니다. 스미스는 "우리의 행동은 자유와 인권에 대한 외침이었다. 아무도 우리의 얘기에 귀 기울이지 않았기 때문에 우리는 행동으로 보여 줘야 했다"라고 고백했고요. 그러나 시상대의 세 선수를 찍은 사진이 보도되자 엄청난 파장이 몰아닥쳤습니다. 스미스와 카를로스는 이튿날 선수촌에서 쫓겨났고, IOC는 이들의 메달을 박탈했습니다. 두 선수는 귀국하자마자 공항에서 토마토 세례를 받아야 했습니다. IOC는 스미스와 카를로스의 행동이 '올림픽 정신의 기본 원칙에 대한 고의적이고 폭력적인 위반'이라고 강하게 비난했습니다.

세 선수는 불행히도 시상대에서 자유와 인권을 외친 대가로 다시는 트랙을 밟지 못했습니다. 세 사람의 시상식 장면은 오랜 시간이 지나서야 올림픽 최고의 명장면으로 재평가받게 되었지요.

1968년 멕시코시티 올림픽 육상 남자 200미터 시상대에서 펼친 블랙 파워 살루트

피터 노먼의 명예 회복

2위를 차지한 노먼은 왼쪽 가슴에 인권을 위한 올림픽위원회 배지를 달고 흑인 선수들의 퍼포먼스에 동참했습니다. 그러나 이 작은 배지 하나는 피터 노먼의 삶을 송두리째 빼앗았어요. 당시 노먼의 나라인 호주는 '백호주의'를 공식적으로 채택한 인종 차별 국가였습니다. 백호주의란 백인들의 호주라는 뜻으로, 백인의 순수성을 유지하는 나라를 만들기 위해 백인 이외 인종이 호주로 이민 오는 것을 금지한 정책입니다. 호주는 1973년에

서야 백호주의를 폐지했습니다. 시상대에서 배지를 달았다는 이유 하나만으로 노먼은 호주에서 배신자 취급을 받아야 했습니다. 체육 교사로 근무하던 학교에서 쫓겨났고, 제대로 된 일자리를 구하기가 어려워졌습니다. 호주 언론은 노먼을 당장 처벌하라고 요구했고요. 그는 동료에게도 외면당했고, 순식간에 모두에게 손가락질을 당하는 매국노의 처지로 전락해 버렸습니다.

노먼은 1972년 뮌헨 올림픽 출전을 위해 호주 예선에 참가했습니다. 100미터, 200미터에서 호주 신기록을 수립했지만 올림픽에 참가할 수 없었습니다. 호주올림픽위원회가 노먼을 호주 대표 팀에서 제외했기 때문이에요. 여러 억압에 부상까지 겹치면서 노먼은 진통제와 술에 의지해야 했습니다. 2000년 시드니에서 올림픽이 열리자 호주올림픽위원회는 호주의 올림픽 메달리스트를 초청해 명예의 행진을 개최했는데, 노먼은 이 자리에도 초청받지 못했습니다. 노먼이 명예의 행진에 초청받지 못했다는 소식을 접한 미국 육상 대표 팀은 노먼을 초대해 자체적으로 기념행사를 열었습니다. 1976년 몬트리올 올림픽과 1984년 로스앤젤레스 올림픽의 400미터 허들 금메달리스트인 에드윈 모지스가 노먼을 직접 맞았습니다. 2000년 시드니 올림픽 400미터 금메달리스트인 마이클 존슨은 "당신은 나의 영웅"이라고 말하며 노먼에게 존경심을 표시했고요.

2004년 토미 스미스와 존 카를로스의 모교인 새너제이 주립 대학교에는 1968년 블랙 파워 살루트를 기념하는 동상이 세워졌습니다. 그러나 시상대의 2위 자리는 피터 노먼의 동상으로 채워지지 않고 빈자리로 남겨졌습니다. 노먼이 자신의 자리를 비워 두길 원했거든요. 그는 자신의 동상을 세우는 대신 "누구나 내 생각에 공감한다면 내 자리를 채워 주길 바란다"라는 말을 남겼죠. 그리고 2년 뒤 노먼은 세상을 떠났습니다.

노먼의 마지막 길은 외롭지 않았습니다. 스미스와 카를로스가 운구에 나서 노먼의 마지막 길을 배웅했습니다. 멕시코 올림픽 이후 44년 세월이 흐른 2012년, 호주 의회는 피터 노먼이 당했던 부당한 처사에 사과했습니다. 스포츠인으로서의 성취와 인권을 향한 용기, 평등에 기여한 역할을 뒤늦게 인정한 것입니다. 이때 비록 노먼은 이 세상에 없었지만 91세였던 노먼의 어머니가 호주 의회에 참석해 아들의 명예가 회복되는 것을 지켜보았습니다.

노먼의 200미터 최고 기록인 20초 06은 여전히 호주의 최고 기록으로 남아 있습니다. 미국육상연맹은 노먼이 세상을 떠난 10월 9일을 '피터 노먼 데이'로 지정했고, 호주올림픽위원회는 2018년 노먼에게 공로 훈장을 추서했습니다. 존 코츠 호주올림픽위원회 위원장은 "너무 늦은 훈장이다. 그는 비록 세상을 떠

토미 스미스와 존 카를로스가 2006년 피터 노먼의 장례식에서 운구하는 모습

났지만 그날의 용기 있는 행동을 절대 잊어선 안 된다"라고 말하며 노먼의 업적을 기렸습니다.

인권 운동에 나선 대가

토미 스미스는 1944년 미국 텍사스주에서 12남매 중 일곱째로 태어났습니다. 어린 시절 폐렴을 앓기도 했지만, 그는 어려서부터 만능 운동선수였습니다. 고등학교 때까지는 육상, 미식축구, 농구 선수로 활약했고 새너제이 주립 대학교에 진학하면서 육상에 전념했습니다. 그런데 이렇게 운동에만 전념했던 스미스는 에드워즈 교수와 만나면서 인권 운동에 관심을 갖게 되었습니다. 에드워즈 교수 역시 극심한 차별을 겪어야 했던 흑인 운동선수 출신이었습니다. 새너제이 주립 대학교의 시간강사였던 에드워즈 교수는 스포츠를 통해 흑인과 백인의 지위가 동등해질 수 있다는 믿음을 갖고 1967년 10월 '인권을 위한 올림픽위원회'라는 단체를 만들었습니다. 멕시코 올림픽을 앞두고는 '인권을 위한 올림픽 프로젝트'라는 계획을 준비했고요.

스미스는 인권을 위한 올림픽위원회에 가입하면서 인권 운동이 절대적으로 필요하다는 사실을 깨닫게 되었습니다. 그리고 존 카를로스와 멕시코 올림픽에서 인권 프로젝트를 실행하기로 결심한 것이죠. 둘은 블랙 파워 살루트를 미리 기획했고 실천에 옮겼습니다. 그 대가로 미국육상연맹에서 제명돼 다시는 트랙을 밟지 못했죠.

스미스는 올림픽에서 펼친 블랙 파워 살루트 이후 수차례 암살 협박에 시달렸다고 자서전 《침묵의 제스처》에서 고백했습니다. 오랫동안 숨어 지내야 했던 스미스는 대학에서 사회학을 공부해 산타모니카 대학교와 오벌린 대학교에서 교수로 재직한 뒤 은퇴했고, 카를로스는 여러 직업을 전전하며 어려운 삶을 살다 고등학교 상담 교사를 마지막으로 은퇴했습니다.

올림픽헌장 50조 2항

국제올림픽위원회의 헌법인 올림픽헌장의 50조는 광고와 시위, 선전에 관한 조항입니다. 50조 2항을 보면 "올림픽 장소, 지역 및 기타 구역에서 어떠한 형태의 시위나 정치적, 종교적 혹은 인종적 선전은 허용되지 않는다"라고 명시되어 있습니다. 이 50조 2항은 용기 있게 자신의 의사를 표현한 선수들이 징계를 받아야 했던 멍에였습니다. 토미 스미스, 존 카를로스가 메달을 박탈당할 때도 50조 2항이 근거가 되었습니다.

차별을 금지하고 인권을 보호하기 위한 선수들의 노력은 끝없이 이어지고 있습니다. 2016년 리우데자네이루 올림픽에서는 마라톤 은메달리스트 페이사 릴레사가 양손을 X자로 교차하는 'X 세리머니'로 경고를 받았습니다. 'X 세리머니'는 폭력으로 억압받는 이들을 지지한다는 의사표시였어요. 2021년 도쿄 올림픽에선 미국 펜싱 대표 팀이 성범죄 혐의를 받고 있는 선수가 대표 팀에 합류한 것에 항의하는 표시로 분홍색 마스크를 쓰고 경

 지식 더하기

올림픽헌장
올림픽의 근본 원칙에 관한 규약으로, 1925년 국제올림픽위원회 총회에서 만들어졌다. 올림픽 대회 준비, 운영 및 국제올림픽위원회 운영 규정 등을 망라한 법전이다. 총 4장 71조와 부속 세칙으로 되어 있다

기에 나섰습니다. 2019년 광주 세계수영선수권대회 남자 자유
형 400미터 시상식에서는 은메달리스트인 호주 선수 맥 호턴이
나타나지 않았습니다. 그는 시상대에 올라가는 대신 시상대 뒤
편에서 뒷짐을 지고 있었습니다. 도핑 의혹을 받고 있던 쑨양의
금메달에 대한 항의였죠. 국제수영연맹은 올림픽헌장 50조 2장
에 따라 호주수영연맹과 맥 호턴에게 경고 조치를 취했습니다.

부조리에 저항하는 스포츠인들

2020년 미국에서는 흑인 조지 플로이드가 백인 경찰의 과
잉 진압에 목숨을 잃는 사건이 발생했습니다. 그러자 미국 선수
들을 시작으로 전 세계 곳곳의 스포츠 선수들이 인종 차별에 반
대하는 '무릎 꿇기 세리머니'를 이어 갔습니다. 2021년 도쿄 올
림픽에서도 많은 선수가 무릎 꿇기 세리머니를 할 것으로 예상
되었습니다. 그래서 무릎 꿇기 세리머니로 인한 불필요한 희생
을 막기 위해 토미 스미스를 포함한 스포츠 스타 150여 명은 국
제올림픽위원회에 '스포츠 선수의 표현의 자유를 허용하라'라는
메시지를 담은 공개서한을 보냈습니다. 올림픽헌장 50조 2항 폐
지 운동에 불이 붙은 것입니다.

토미 스미스는 "올림픽헌장 50조 2항은 선수들에게 차별에
침묵하라는 것이고, 이는 불평등을 수용하라는 것이다. 사회적

변화에 한참 못 미친다"라고 주장했습니다. IOC는 이런 주장에 반응하지 않았는데, 놀라운 변화가 일어났습니다. 미국올림픽패럴림픽위원회가 2020년 11월 11일 선수들의 정치적 의사표시에 대해 징계하지 않겠다고 발표한 것입니다. "올림픽에서 선수들의 자유로운 표현을 금지하는 것은 올림픽의 핵심 가치에 상충되는 것이며 선수들의 인간성을 떨어뜨린다"라는 주장을 받아들인 것입니다.

스포츠를 통해 우리는 무엇을 배울 수 있을까요? 이기고 지는 것만이 스포츠의 전부는 아닙니다. 최선을 다하는 자세, 정정당당한 태도, 페어플레이는 선수로서 갖춰야 할 기본적인 미덕이라 할 수 있습니다. 상대 선수도 나와 똑같이 최선을 다했다는 것을 인정한다면, 승리하더라도 쉽게 우쭐하지 않는 훌륭한 선수로 성장할 수 있겠죠? 상대를 존중하는 마음은 곧 인간을 존중하는 마음입니다. 그 마음을 기르고 가꾼다면 우리는 비로소 용기 있고 따뜻한 인간으로 성장할 수 있을 것입니다. 더 나아가 모든 사람의 존엄성을 지키는 평화로운 사회를 만들 수 있을 것이고요. 상대방을 존중하고자 최선을 다하는 스포츠 선수들의 삶은 우리가 사는 세상을 긍정적으로 변화시킵니다.

과학과 스포츠

2000년 시드니 올림픽에서 이언 소프가 혜성처럼 등장했습니다. 수영 3관왕 이언 소프는 첨단 수영복을 착용했는데, 그가 입은 수영복은 상어 피부의 돌기처럼 표면을 V자 모양 홈으로 처리해 마찰을 줄이고 부력을 높여 주는 전신 수영복이었습니다. 2008년 베이징 올림픽에선 마이클 펠프스가 미국항공우주국(NASA)의 기술을 적용해 마찰력을 20퍼센트 이상 줄인 전신 수영복을 입고 8관왕에 올랐습니다. 펠프스는 "이 수영복을 입고 물에 들어가면 로켓이 된 것 같은 느낌이 듭니다"라는 말을 하기도 했습니다. 그런데 펠프스도 또 다른 첨단 수영복에 무너졌습니다. 2009년 로마 세계수영선수권대회에서 무명 선수 비더만이 황제 펠프스를 꺾은 것입니다. 비더만은 한 단계 더 발전한 폴리우레탄 코팅 수영복을 착용했습니다.

전신 수영복 붐이 일면서 2008년에만 세계 신기록 108개가 수립됐고 2009년 로마 세계수영선수권대회에선 43개의 세계 신기록이 쏟아졌습니다. 그러자 수영 대회가 아니라 첨단 기술을 겨루는 대회라는 비판이 일었습니다. 인간의 능력이 아닌 첨단 기술에 의존한 기록 향상은 분명 문제가 있어 보였습니다. 결국 국제수영연맹(FINA)은 2010년 폴리우레탄 전신 수영복 착용을 금지했습니다.

스포츠에도 첨단 기술은 늘 적용됩니다. 더 멀리 날아가는 골프공을 만들어 내고 더 빨리 달릴 수 있는 자전거를 만들어 내기도 합니다. 최근엔 같은 힘으로 더 큰 추진력을 얻을 수 있는 탄소 섬유판 마라톤화가 논란이 되기도 했습니다. 인간의 한계를 겨루는 스포츠가 첨단 기술의 경쟁으로 변질돼서는 안 되겠죠. 전신 수영복이 금지된 것처럼 스포츠계는 첨단 기술의 도입을 어디까지 인정해야 할지 고민을 거듭하고 있습니다.

10

불꽃 같은 야구 인생

최동원

1958~2011

부산광역시 출생
야구 선수, 야구 코치, 경기 감독관

특이사항

지치지 않는 무쇠팔, 이타심과 시민의식
프로야구선수협의회 창립 추진

2022년 7월 16일 한국야구위원회(KBO)는 프로야구 레전드 40인 중 톱 4를 발표했습니다. 팬들의 가슴에 새겨진 이름은 선동열, 최동원, 이종범, 이승엽이었죠. 전문가 투표(80%)와 팬 투표(20%)를 합산한 결과 최동원은 선동열에 이어 최다 득표 2위에 올랐습니다. 1984년 한국시리즈 4승, 통산 완투 2위(81경기), 최다 연속 시즌 200이닝 이상 투구 공동 1위(5시즌), 통산 **평균자책점** 2위(2.46) 등 최동원이 얼마나 뛰어난 선수였는지 보여 주는 기록은 무수히 많습니다. 그러나 최동원이 프로야구의 별로 빛나는

🏸 **지식 더하기**   ✕ ⊖ ⊗

평균자책점
한 투수가 한 경기(9이닝)당 허용한 점수의 평균치. 자책점에 9를 곱하고 실제 투구 이닝으로 나누면 산출된다. 예전에는 '방어율'이라는 용어를 사용했었는데, 이는 일본에서 온 용어였으며 지금은 '평균자책점'으로 대체되었다.

이유는 단순히 명투수이기 때문만은 아닙니다. 최동원은 야구장 밖에서도 야성이 강한 승부사였어요. 그는 저연봉에 시달리는 동료들을 위해 희생했고 남다른 시민 의식을 발휘해 스스로 가시밭길을 걷기도 했죠. 사직 야구장엔 그를 기념한 '무쇠팔 최동원 동상'이 우뚝 서 있어요. 그러나 최동원을 표현하기에 '무쇠팔'은 부족합니다. 아니 어울리지 않습니다. 최동원은 그저 잘 던지고 많이 던졌던 투수가 아니라 시대를 고민했던 지성과 양심을 갖춘 야구 선수였습니다.

혜성처럼 등장한 소년 투수

최동원은 부산 구덕초등학교 6학년 때 정식으로 야구부에 입문했습니다. 그리고 경남중, 경남고, 연세대, 실업 팀 롯데를 거쳐 롯데 자이언츠에서 활약하게 되었죠.

1975년 9월 17일은 경남고등학교 야구부 2학년 학생이었던 최동원이 혜성처럼 등장한 날입니다. 전국우수고교초청대회에서 당시 고교 최강 경북고를 상대로 노히트노런을 기록한 것입니다. 최동원은 이튿날인 9월 18일 선린상고전에서도 7회까지 노히트노런 경기를 펼쳤습니다. 16이닝 연속 노히트노런이라니, 믿기지 않는 기록이었죠. 그러나 이는 시작의 불과했습니다. 그는 1976년 청룡기 대회에서 군산상고와 승자 결승전에서 맞붙었을 때 고교 야구 한 경기 최다 탈삼진 신기록(20개)을 세우며 완봉승을 거뒀습니다. 그러자 언론에서는 그를 두고 '황금팔', '무쇠팔'이라고 표현하기 시작했습니다. 1977년 1월에는 일본 프로 야구의 전설인 가네다 마사이치가 한국을 찾았습니다. 당시 일본 롯데 오리온즈의 감독이었던 가네다는 한국에 온 이유가 최동원을 스카우트하기 위해서라고 밝혀 모두를 놀라게 했습니다.

최동원의 활약은 고등학교 시절에만 그치지 않았습니다. 1977년 대학에 입학한 최동원은 연세대 야구부의 23연승을 이끌었습니다. 1977년은 니카라과에서 슈퍼 월드컵이라는 국제 대회가 열린 해이기도 했는데요. 대학 1학년으로 국가대표로 선발된 최동원은 이선희, 김봉연, 장효조, 김재박 등과 함께 한국 야구 최초의 국제 대회 우승을 일궈 냈습니다. 1981년 대륙간컵 대회에서는 캐나다를 상대로 8회까지 퍼펙트게임을 펼치며 최우수선수로 선정되기도 했습니다.

최동원은 뛰어난 실력으로 미국 메이저리그에 진출할 기회를 얻기도 했습니다. 1981년 9월 23일 토론토 블루제이스는 "최동원과 입단 계약을 체결했다"라고 발표했는데요. 그러나 최동원은 이튿날 국내 언론과의 인터뷰를 통해 계약 과정을 자세히 밝혔습니다. 그는 "9월 15일 토론토 관계자들과 만나 계약 조건을 논의한 끝에 계약서에 사인했다. 그런데 첫 연봉으로 3만

2,500달러가 최고 액수라고 해서 계약했는데, 알고 보니 최저 연봉이었다. 그래서 계약을 파기했다. 토론토가 파격적인 조건을 내세우지 않으면 국내 프로 팀에서 뛰겠다"라고 밝혔습니다. 그리고 최동원이 최종 선택한 팀은 토론토가 아닌 실업 야구 팀 롯데였습니다. 최동원은 1981년 실업 팀 롯데에 입단해 다승왕, 신인왕, 최우수선수상을 차지해 3관왕에 올랐고, 1982년 세계야구선수권대회에서 선동열, 한대화, 김재박, 장효조 등과 우승을 일궈 냈습니다. 그리고 마침내 1983년, 최동원은 롯데 자이언츠에 입단해 전설을 써 내려가기 시작합니다.

팀을 승리로 이끈 무쇠팔

1983년 최동원은 38경기에 등판해 9승 16패 4세이브, 평균자책점 2.89를 기록했습니다. 그런데 당시는 투수에게 일정한 역할 분담을 하지 않았던 시절이었습니다. 선발 투수가 마운드에

롯데 입단계약서에 사인을 마친 최동원(왼쪽)

서 내려온 뒤에 공을 던지는 중간 계투나, 경기 막판에 등장하는 마무리 투수의 개념이 없었던 시절이었죠. 그래서 선발 투수여도 감독이 원하거나 팀의 승리가 급하면 언제든지 등판해야 했습니다. 최동원은 1983년 정규 시즌 100경기 중 무려 38경기에 등판했습니다. 27승 13패 6세이브, 평균자책점 2.40을 기록한 1984년의 등판 횟수는 더욱 믿기지 않는데, 100경기 중 51경기에 등판했어요. 이닝으로 환산하면 무려 284 2/3이닝에 이르렀죠.

1984년 한국시리즈에서는 전기 리그와 후기 리그의 우승 팀이 맞붙었습니다. 전기 리그에서 우승한 삼성은 한국시리즈 맞상대로 만만한 롯데를 점찍었어요. 그래서 노골적으로 롯데에

져 주기 게임을 하며 롯데를 후기 리그 우승팀으로 만들었죠. 7전 4선승제로 겨루는 한국시리즈를 앞두고 롯데 자이언츠의 강병철 감독은 1, 3, 5, 7차전에서 최동원을 선발로 기용하겠다고 밝혔습니다.

"감독님, 7경기 중 4경기 등판은 너무 무리 아닙니까?"
"동원아, 우짜노? 예까지 왔는데."
"알겠심더. 한번 해보입시더."

최동원은 9월 30일 1차전에서 완봉승, 10월 3일 3차전에서 완투승을 거뒀습니다. 10월 6일 5차전에선 정현발에게 솔로 홈런을 맞아 패했고 10월 7일 6차전은 불펜에서 등판해 5이닝 무실점으로 승리 투수가 됐고, 10월 9일 7차전은 완투승을 거뒀습니다. 7경기 가운데 5번을 등판해 4승 1패라는 기록은 다시는 보지 못할 불멸의 기록이었습니다. 그러나 혼신의 힘을 다해 투구를 한 만큼 후유증 역시 겪어야 했습니다. 최동원은 우승 직후 호텔에서 자신의 방으로 올라가던 중 유니폼을 적신 핏자국을 보았습니다. 얼굴에서 쌍코피가 흘러내리고 있었습니다. 1985년 20승, 1986년 19승, 1987년 14승을 거두며 승승장구하던 최동원은 1988년에는 시즌 내내 3승만을 거두며 무너졌습니다. 1989년에는 단 1승밖에 거두지 못했고, 1990년 6승을 마지막으로 은퇴해 마운드에서 내려왔습니다.

사실 최동원은 10대 시절부터 무리한 투구를 거듭할 수밖에 없었습니다. 선수 생활 내내 2경기 이상 연속으로 등판하는 연투가 일상이었죠. 오늘날 선발 투수들은 4~5명이 번갈아 가며 경기에 출전하기에 며칠씩 휴식할 수 있지만, 그때는 선수의 건강보다는 성적을 우선시하던 시절이었습니다. 팀의 승리를 위해 강요받은 연투가 결국 최동원의 선수 생명을 조금씩 갉아먹었던 거죠. 그럼에도 최동원은 눈부신 광속구와 다이내믹한 투구 폼으로 각인되는 당대 최고의 야구 아이콘이었습니다. 로진을 손에 묻힌 뒤 스타킹을 당기고 금테 안경을 만지는 최동원의 독특한 루틴은 마운드에서만 볼 수 있는 그만의 신성한 의식이었습니다.

야구 선수를 위한 노동조합

1988년은 민주화라는 시대적 요구가 사회 여기저기서 터진 격동의 시대였습니다. 노동조합을 결성하려는 노동자들의 대투쟁 또한 이어졌죠. 최동원은 프로야구 선수에게도 노동조합이 필요하다고 생각했습니다.

당시의 프로야구는 알맹이는 없고 겉만 화려한 속 빈 강정이었습니다. 스타 선수들은 높은 연봉을 받았지만, 전체 선수의 평균 연봉은 6백만 원 수준이었습니다. 연봉 협상을 했다고 하나 말이 협상이지 구단이 선수를 불러 액수를 일방적으로 통보했고요. 특히 연습생들은 생계를 걱정해야 할 수준이었습니다. 그들은 프로 구단에서 정식으로 선수를 선발하는 드래프트에서 지명을 받지 못한 선수들로, 지금은 육성 선수라고 불러요. 각 구단의 개별적 테스트를 통과해 프로 구단에서 훈련하지만 KBO에 선수 등록은 할 수 없는 신분입니다. 실력을 인정받아 정식 계약을 해야만 선수로 인정받게 되죠. 그러다 보니 갑작스럽게 방출되면 가족을 부양하기 힘들었습니다.

최동원이 노동조합의 필요성을 느끼던 1988년의 어느 날, 안타까운 사건이 발생했습니다. 해태 타이거즈의 김대현 선수가 교통사고로 사망한 것이죠. 김대현의 가족은 생계를 이어 나갈 아무런 대책 없이 세상에 남겨지고 말았습니다. 쓸쓸했던 김대현의 마지막은 선수들의 권익을 보호하는 프로야구선수협의회 결성을 서두르는 계기가 되었습니다. 8월 27일 김대현이 세상을 떠난 지 17일 뒤인 9월 13일, 대전시 유성호텔에서 프로야구 선수 142명이 모여 프로야구선수협의회 창립총회를 열었습니다. 선수들은 초대 회장으로 최동원, 부회장으로 이광은, 고문으로 최동원의 아버지 최윤식을 선출했고 9월 30일에는 대의원 총회를 열기로 했습니다.

　그런데 이 대의원 총회는 프로 구단들의 방해로 무산되고 말았습니다. 프로야구선수협의회가 만들어졌다는 소식이 전해지자 구단들은 즉각 반발했어요. 프로야구 7개 구단은 사장단 회의를 열어 프로야구선수협의회에 참석하는 선수와는 절대 재계약을 하지 않을 것이라고 발표했습니다. KBO 또한 사장단의 결정을 지지했고요. 각 구단은 여기에서 그치지 않고 선수들이 대의원 총회에 참석하지 못하도록 압박과 감시를 이어 나갔습니다. 이 때문에 프로야구선수협의회 선수들은 대의원 총회 장소를 여러 차례 바꿔야 했습니다. 그들이 긴급하게 모인 장소는 계룡산 동학사 앞 서울식당이었어요. 그러나 대의원 44명 중 20명만이 모습을 드러냈습니다. 대의원 총회는 결국 참석자 수가 부족해 열리지 못했습니다. 최동원이 애써 창립을 추진한 프로야구선수협의회가 빛을 보지 못한 것입니다.

　최동원은 〈주간야구〉와의 인터뷰에서 프로야구선수협의회 창립 시도에 관해 '누군가가 해야 할 일을 한 것뿐'이라며 언젠가는 미국의 선수협회처럼 선수들의 권익을 보호하는 단체를 꾸리는 날을 기대한다고 밝혔습니다.

최동원이가 와 저기 가 있노

프로야구선수협의회 결성이 실패로 돌아간 후유증은 컸습니다. 그해 11월 롯데 자이언츠와 삼성 라이온즈는 대형 트레이드를 발표했는데요. 롯데는 최동원, 오명록, 김성현을 보내고 삼성의 김시진, 전용권, 오대석, 허규옥을 영입하겠다고 밝혔습니다. 이는 프로야구선수협의회와 관련된 선수들을 방출하려는 보복성 트레이드였습니다. 최동원은 "부산을 떠나느니 차라리 은퇴하겠다"라며 삼성과의 계약을 거부하고 해외여행을 떠났습니다. 씁쓸한 마음을 정리하고 돌아온 최동원은 1989년 6월 23일 삼성과 계약한 뒤 마운드로 복귀하지만, 신체는 예전 같지 않았습니다. 그럼에도 1990년 5월 20일 LG전에서 최동원은 프로야구 최초로 통산 1,000개의 탈삼진을 기록했습니다. 7월 13일 OB전에서는 통산 100승을 올렸고요. 1990년에 거둔 성적은 6승 5패 1세이브, 평균자책점 5.28이었습니다. 최동원은 자신이 예전과 같은 강속구는 더 이상 던질 수 없다는 것을 잘 알고 있었습니다. 그는 1990년 시즌을 마치고 미련 없이 마운드에서 내려왔습니다. 2006년 10월 2일 〈스포츠2.0〉과의 인터뷰에서 최동원은 은퇴하던 순간을 떠올리며 "그라운드에서 물러나며 주체할 수 없는 눈물을 흘리는 선수는 야구를 사랑한 것"이라며 인생을 다 바친 야구장을 떠나던 때의 쓰라렸던 마음을 밝혔습니다.

그는 끝내 부산으로 돌아오지도, 프로야구선수협의회를 만든 주동자라는 꼬리표도 떼지 못하며 야구계로부터 외면받았죠. 2001년이 되어서야 이광환 한화 이글스 감독이 그에게 손을 내밀었습니다. 이렇게 해서 최동원은 한화에서 투수 코치와 2군 감독으로 활동했고, KBO 경기 감독관을 지낸 뒤 2011년 세상을 떠났습니다. 롯데는 끝내 최동원을 부르지 않았습니다. 부산의 팬들은 한화 유니폼을 입은 그를 보고 "최동원이가 와 저기 가 있노"라며 안타까워했죠.

힘없는 사람들 편에 선 시민

1991년 최동원은 부산광역시의회 선거에 출마했습니다. 프로야구선수협의회 사태를 거치면서 사회 구조에 대한 문제의식이 생겼다는 것이 이유였죠. 최동원은 위대한 야구 선수였을 뿐만 아니라 야구를 통해 세상을 배우고 사회를 들여다보는 통찰력을 갖춘 당당한 시민이었습니다.

훗날 대통령이 된 경남고 선배이자 당시 민주자유당 대표 최고위원이었던 김영삼은 최동원에게 민주자유당 후보로 출마할 것을 권유했습니다. 부산에서는 김영삼의 지지율이 높아서 민주자유당으로 출마하면 당선이 확실했습니다. 그러나 최동원은 이 제안을 거절하고 가시밭길을 선택했습니다. 김영삼과 대

척점에 섰던 민주당 후보로 출마한 것입니다. 최동원은 '민주 자치의 선발 투수, 건강한 사회를 향한 새 정치의 강속구'라는 슬로건을 내걸고 "힘없는 사람들 편에 서서 신바람 나는 한판 승부를 겨루겠다"라고 외쳤지만 부산 시민의 선택을 받지 못하고 낙선했습니다.

그는 늘 편한 길을 선택하지 않았습니다. 몸에 무리가 가는 줄 알면서도 완투에 연투를 거듭했고, 1억 원의 연봉을 받으면서 600만 원 연봉을 받는 선수들을 걱정했습니다. 1988년에는 지역신문인 〈부산일보〉 파업 현장을 찾아 성금 100만 원을 기부하기도 했어요. 그는 야구를 넘어 우리가 함께 사는 이 세상의 문제를 바라보고 고민한 사람이었습니다. 2008년 〈중앙일보〉와의 인터뷰에서 최동원은 "제 가슴 속에는 뜨거운 불덩어리가 아직도 있어요. 가슴을 태우는 그런 불덩어리요. 아직도 그게 남아 있습니다"라고 말했습니다. 그는 세상을 떠났지만, 그의 불꽃 인생은 야구 팬의 마음속에서 여전히 불타고 있습니다.

최초의 스포츠 스타, 야구 선수 이영민

1931년 월간지 〈동광〉이 조선의 10대 스포츠 스타를 선정했습니다. 독자들로부터 엽서를 받아 10대 스포츠 스타를 뽑았죠. 누가 최고의 스포츠 스타였을까요? 식산은행 소속 야구 선수였던 이영민이었습니다. 야구를 좋아하는 분들은 '이영민 타격상'을 알고 있죠? 맞습니다. 이영민 타격상의 주인공인 그 이영민입니다.

이영민은 1928년 경성 운동장에서 장외 홈런을 날린 우리나라 최초의 홈런 타자인데요. 1934년 일본 야구 대표 팀에 선발돼 메이저리그 올스타 팀과의 경기에 나설 정도로 빼어난 야구 실력을 발휘했습니다. 야구뿐만이 아니었습니다. 전조선육상경기대회에선 5관왕을 차지했고 조선 축구단 선수로 상하이 원정을 다녀오기도 했죠. 1948년 런던 올림픽에선 축구 대표 팀 감독이었습니다. 해방 후엔 대한야구소프트볼협회 초대 부회장을 역임하기도 했어요. 대한야구소프트볼협회는 그의 공적을 기리기 위해 1956년 이영민 타격상을 제정했습니다.

이영민 타격상은 매년 고교 야구 최고 타자를 뽑는데요. 15경기 이상 출전, 60타석 이상을 기록한 타자 중에서 가장 높은 타율을 기록한 선수에게 주어집니다. 김현수, 최정, 배지환 등 당대 고교 야구의 최고 타자들이

'이영민 타격상'을 수상했습니다.

　'이영민 타격상'과 관련해 한 가지 재미있는 징크스가 있는데요. 이른바 '이영민 타격상의 저주'라는 겁니다. '이영민 타격상'을 받으면 프로에서 크게 성공하지 못한다는 징크스인데요. 그러고 보니 프로야구 신인상을 받았던 이정후(넥센), 강백호(KT)는 '이영민 타격상'을 받지 못했죠. 역대 '이영민 타격상' 수상자 중엔 프로에서 성공하지 못한 선수들이 많이 있는데요. '이영민 타격상의 저주'는 징크스일까요? 아니면 과학적 근거가 있는 현상일까요? KBO 리그의 경쟁이 그만큼 치열하다는 뜻이겠죠.

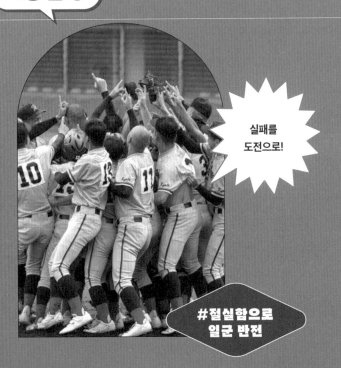

고시엔
4강 신화

실패를
도전으로!

#절실함으로
일군 반전

사교성					
천재성					
노력					
행복					
수명					

동해 바다를 건너온 꿈
교토국제고 야구부

1999~

일본 교토 창설

외야 없는 운동장, 폐교를 막기 위한 야구부 설립
재일 교포들이 세운 민족 학교

일본의 전국고교야구선수권대회는 '고시엔'이라는 이름으로 더 많이 알려져 있습니다. 1915년 1회 대회를 시작으로 100년이 넘는 역사를 자랑하는 대회죠. 고시엔은 봄과 여름 두 차례 열리는데 봄 고시엔은 전년도 성적 우수 팀과 추천 팀이 참가하고, 여름 고시엔은 지역 예선을 통과한 49개 팀이 본선에 참가합니다. 일본의 고등학교 야구부는 4,000개가 넘기 때문에 고시엔은 본선 진출만으로도 영광으로 받아들여집니다. 고시엔 우승은 일본의 모든 고등학교 야구 선수들의 꿈이라 할 수 있습니다. 워낙 본선 무대를 밟기 어렵기 때문에 본선에 오른 선수들은 고시엔에 대한 경외심으로 고시엔 구장의 흙을 병에 담아 갈 정도예요.

2021년 8월 28일, 일본 효고현 니시노미야시 한신 고시엔 구장에서는 교토국제고등학교와 지벤학원고등학교의 고시엔 준결승전이 열렸습니다. 결과는 지벤학원고의 3 대 1 승리였습니다. 교토국제고는 패배하기는 했지만 사실 준결승 진출만으로도 기적적인 일이었어요. 2021년 고시엔에는 3,603개교가 참가했는데 교토국제고는 전교생이 130여 명에 불과한 작은 학교였기 때문입니다.

일본 야구장에 울려 퍼진 한국어 교가

교토국제고는 재일 교포들이 설립한 민족 학교입니다. 준결승전이 열리는 날 일본의 공영방송사인 NHK 중계방송에서는 교토국제고의 교가가 흘러나왔습니다. "동해 바다 건너서 야마토 땅은 거룩한 우리 조상 옛적 꿈자리 한국의 학원." NHK를 통해 방송된 한국말 교가는 엄청난 파장을 불러일으켰어요. 한 재일교포가 택시를 타고 교토국제고에 달려와 후원금을 내놓기도 했고, 주일 한국 영사관도 도와줄 것이 없느냐며 교토국제고를 찾았습니다. 한국에서도 교토국제고를 지원하자는 여론이 모일 정도였습니다.

민족 학교에는 숱한 차별 속에서도 꿋꿋이 명맥을 이어 온 역사가 있습니다. 1945년 8월 15일 한반도는 해방을 맞았지만, 일본에 끌려갔던 많은 조선인은 고국으로 돌아오지 못했습니다. 일본에 남겨진 이들은 차별과 냉대 속에서도 한국인의 정체성

2021년 봄 고시엔에서 야구부를 응원하는 교토국제고 학생들

을 지키기 위해 일본 곳곳에 민족 학교를 세웠습니다. 그리고 민족 학교에서 한국어와 한국 역사를 가르쳤죠. 일본은 민족 학교를 폐교시키기 위해 갖은 탄압을 가했지만 재일교포들은 민족 학교를 지켜 냈습니다.

교토국제고는 1947년 교토조선중학교로 출발했습니다. 1958년에는 법인 설립을 인가받고 1963년 고등학교를 개교했지만, 일본 정부는 교토조선중학교를 정식 학교로 인정하지 않았어요. 정식 학교로 인정받지 못하면 학교는 정부 지원금을 받을 수 없고, 졸업한 학생들은 학력을 인정받을 수 없습니다. 일본 정부는 2003년에서야 교토국제고를 정식 학교로 인정했습니다. 이렇게 모진 세월을 이겨 낸 교토국제고였기 때문에 고시엔 본선 진출, 준결승 진출은 재일교포와 민족 학교의 역사를 기억하는 한국인들에겐 표현하기 힘들 정도의 감동을 준 것이죠.

2014년부터 2017년까지 네 시즌을 LG 트윈스에서 뛴 내야수 황목치승도 교토국제고 야구부 출신입니다. 황목이라는 성씨는 제주도에 정착한 일본인 할아버지에게 물려받은 성입니다. 그는 중학교 시절 제주도에서 열리는 일본 야구팀과의 친선 대회에 참가했다가 교토국제고의 김건박 감독의 눈에 띄어 일본으로 건너갔습니다.

조그마한 운동장이 기본기를 키웠다

교토국제고 야구부는 1999년 창설되었습니다. 1990년대 교토국제고는 입학하는 학생 수가 급감해서 재정난을 겪으며 교사들에게 월급을 주기도 힘든 형편이었어요. 야구부는 학교를 살리기 위한 궁여지책이었습니다. 학생 수 감소를 막기 위해 일본 학생들의 입학을 허용했고 야구부를 창단한 것이죠.

그러나 야구부도 어렵기는 마찬가지였습니다. 교토국제고는 중학교를 졸업한 야구 꿈나무들이 1순위로 선택하는 학교가 아니었습니다. 원하는 고등학교로 진학하지 못한 선수들이 단순히 야구를 계속하고 싶다는 이유 하나만으로 교토국제고에 모였을 뿐이었습니다. 처음으로 출전한 경기에서는 0 대 34라는 엄청난 점수 차로 패배했습니다. 어려운 여건과 부족한 실력으로 야구부가 언제까지 운영될지 아무도 장담할 수 없었습니다.

그러나 선수들은 포기하지 않았고, 조금씩 조금씩 희망을 찾아 냈습니다. 2003년 교토 지역 대회에서 처음으로 8강에 진출했고, 2019년에는 지역 대회에서 우승을 차지해 교토 지역의 야구 명문고로 떠올랐어요. 2021년엔 봄 고시엔에서는 16강에 올랐고 같은 해 여름 고시엔에선 무려 4강까지 진출했습니다. 2022년에도 봄 고시엔 본선에 진출하며 3회 연속 고시엔 출전을 기록했고요.

무엇이 학생 수 130여 명의 작은 학교 교토국제고를 야구 명문으로 만들었을까요? '고난에 굴복하지 않고 최선을 다한다'라는 가장 단순하지만 가장 어려운 진리를 실천한 결과였습니다. 누구나 머리로는 알고 있는 사실이지만, 실행에 옮기기는 어려운 일입니다. 교토국제고는 운동장이 작아서 외야조차 없습니다. 그런데도 어떻게 고시엔 4강까지 진출할 만한 실력을 쌓았을까요? 교토국제고 야구부는 어쩔 수 없이 내야 수비에 집중했고 기본기를 충실하게 훈련했습니다. 외야 수비는 일주일에 한 번씩 다른 야구장을 빌려 훈련했고요. 그 결과 교토국제고는 실책이 가장 적은 팀이 되었고, 고시엔에서도 가장 뛰어난 수비와 기본기를 자랑하게 되었습니다.

　일본인 학생의 입학을 허용하자 교토국제고는 재학생의 60퍼센트가 일본인으로 채워졌습니다. 야구부에도 일본 학생이 더 많습니다. 여건이 좋은 학교로 가지 못하고 교토국제고를 선택한 학생들은 더 절실했을 것입니다. '야구를 하고 싶다', '이기는 팀이 되고 싶다'라는 절실함은 어쩌면 교토국제고가 가진 최고의 무기였을 것입니다. 그리고 1947년에 교토조선중학교가 설립된 이후 길고 긴 세월을 버티며 학교를 지켜 낸 선생님들과 학생들의 집념과 노력은 글로 배우지 않고 말로 가르치지 않아도 교토국제고의 전통으로 내려왔을 것입니다. 박경수 교장은 야구부의 선수들이 늘 똘똘 뭉쳐 있다고 자신합니다. "지역 예선 결승전에서 더그아웃에 앉아 있는 선수들이 목이 터져라 응원했는데, 우승기를 받아들 때 한 선수가 탈진해 쓰러져서 응급팀으로 급하게 실려 갔다"라는 일화를 들려줬죠. 교토국제고를 고시엔 4강으로 이끈 고마키 노리츠구 감독은 과거 교토국제고에 0 대 34 패배를 안긴 주인공이었습니다. 전임 김건박 감독이 2008년 퇴임하면서 "내가 가르친 학생들이 졸업할 때까지만 돌봐 달라"라는 부탁을 해 감독을 맡게 된 것이죠. 처음엔 잠깐만 팀을 맡으려고 했지만, 이듬해에도 교토국제고에서 뛰고 싶다는 제자들과

2021년 고시엔 준결승 경기 후 관중에게 인사하는 교토국제고 야구부

헤어질 수 없었습니다. 1년이 2년이 되고, 3년이 되면서 고마키 감독은 제자들과 함께 고시엔 4강까지 올라왔습니다.

실패는 우리를 강하게 만든다

고마키 감독은 2021년 여름 고시엔 4강에 오른 뒤 "올봄까지만 해도 고시엔 진출 자체가 목표여서 솔직히 여기까지 올 거라고 상상조차 못 했다. 그런데 봄 고시엔 16강전에서 패배하면서 큰 교훈을 얻었다"라고 밝히며 이렇게 말했습니다. "4월에 열린 봄 고시엔에서는 처음 고시엔 구장의 흙을 밟는 것만으로도 만족감이 컸다. 그런데 16강전에서 1점 차로 패하고 나서 진심으로 일본 제일을 목표로 하는 것과 고시엔 진출에 만족하는 것은 차이가 크다는 걸 느꼈다. 봄 고시엔 이후 진심으로 마음을 다잡고 선수들과 함께 여름 고시엔에 다시 도전했다." 교토국제고 야구부는 온 힘을 다해 좋은 성적을 목표로 노력한 결과 여름 고시엔에서 4강에 이름을 올리는 데 성공한 것이죠. 실수나 실패를 경험하지 않는 선수는 없습니다. 중요한 것은 실수와 실패에서 배우고 다시 도전하는 것입니다.

국내 프로야구 리그엔 '육성 선수'라는 제도가 있습니다. 오래전에는 연습생 선수라고 불렀고 신고 선수라고도 합니다. 드래프트에서 지명을 받지 못해 정식 선수가 아니지만 구단에서 훈련하는 선수들이죠. 훈련을 통해 성장할 가능성을 인정받으면 정식 선수로 등록할 기회를 잡을 수 있지만, 가능성을 인정받지 못하면 훈련할 기회마저 잃게 됩니다. 육성 선수들은 드래프트에서 지명을 받지 못했으니 일단 한 번 실패를 경험한 셈입니다.

🔍 **지식 더하기** ⊗ ⊖ ⊘

드래프트
신인 선수를 선발하는 일. 정해진 순번대로 구단에서 선발할 선수를 지명한다. 국내 프로 스포츠 가운데에는 농구, 배구, 야구, 축구, 바둑, 당구 등의 종목에서 드래프트 제도를 시행하고 있다.

그러나 한 번의 실패로 모든 것을 잃지는 않습니다. 누구에게나 또 어디에서나 다시 도전할 기회는 주어지기 때문입니다.

손시헌, 김현수, 서건창, 박해민, 채은성은 리그를 대표한 유명 선수들인데 모두 육성 선수 출신입니다. 김현수는 2006년 드래프트에서 지명을 받지 못해 두산 베어스에서 육성 선수로 훈련했는데, 하루 1,000번 이상의 스윙을 하며 이를 악물었다고 합니다. 그 결과 2008년부터 리그를 대표하는 타자로 떠올랐고 2016년엔 볼티모어 오리올스와 계약하며 메이저리거가 되기도 했습니다. 드래프트 지명을 받지 못한 채 일반 현역병으로 군 복무를 마친 서건창은 전역 후 다시 육성 선수로 입단해 2012년 신인상을 받았습니다. 1990년대에는 연습생 출신인 장종훈이 홈런왕에 오르며 KBO를 대표하는 홈런 타자로 활약했죠.

2023년 KBO 드래프트에서는 1,165명이 참가해 110명이 지명을 받았습니다. 지명을 받지 못한 1,055명 중 누군가는 육성 선수가 되었을 것이고 누군가는 ↗<u>독립 구단</u>이나 사회인 야구 팀

🏸 **지식 더하기**   ⊗ ⊖ ⊗

독립 구단
프로 리그에 속하지 않은 구단으로서, 프로 구단에서 방출된 선수, 드래프트에 지명되지 못한 선수 등 프로를 지망하는 선수들이 뛰고 있으며, 이들을 길러 낼 목적으로 창단했다. 우리나라에서는 2019년부터 매년 경기도에서 '독립야구단 경기도리그'를 개최하고 있다.

으로 향했을 것입니다. 그러나 교토국제고와 김현수를 비롯한 유명한 프로야구 선수들을 보면 한 가지 진리를 깨우칠 수 있습니다. 실패를 경험해도 그 실패가 전부가 아니며, 좌절을 딛고 일어선 순간 우리는 모두 강해질 수 있다는 것입니다.

168 → 169

교토국제고 야구부

야구 너클볼과 축구 무회전 킥의 공통점

'손흥민 존'을 알고 있나요? 손흥민이 특히 좋아하는 슈팅 지역을 가리킵니다. 툭툭 공을 치며 드리블하다 골키퍼의 위치를 슬쩍 보고 수비수를 제친 뒤 감아 차기! 공은 아름다운 궤적을 그리며 휘어 들어갑니다. 손흥민의 감아 차기 기술은 세계 최고로 인정받고 있죠. 한편 호날두의 무회전 킥도 예술입니다. 호날두의 프리킥은 골문으로 쭉 뻗어 나가다 골키퍼 앞에서 갑자기 휘거나 뚝 떨어지기도 합니다. 살아 움직이는 듯한 마법의 공이죠. 감아 차기나 무회전 킥엔 과학이 숨어 있는데요. 감아 차기엔 '베르누이 원리'와 '마그누스 효과'가 적용되고 무회전 킥엔 '카르만의 소용돌이'가 작동합니다.

'베르누이 원리'는 공이 공기를 가르며 날아갈 때 공의 회전과 공기의 저항, 압력에 따라 공의 방향이 결정된다는 원리인데요. 간단히 말하면 공은 압력이 높은 곳에서 낮은 곳으로 휘어진다는 얘기입니다. 그래서 손흥민 선수는 공의 측면을 강하게 감아 차서 최대한 공의 회전을 만들어 내는데요. 공은 회전하는 방향으로 휘어지게 됩니다. 야구의 커브도 마찬가지 원리죠. 투수는 공을 놓는 순간 강하게 공을 긁어 회전을 걸어 줍니다. 그러면 공은 회전 방향에 따라 타자 앞에서 아래로 떨어지거나 왼쪽 또는 오른쪽으로 휘어 들어갑니다.

무회전 킥을 만드는 '카르만의 소용돌이'는 공이 회전 없이 날아가면 공의 뒷부분에 압력이 낮은 소용돌이가 형성되면서 예측하기 힘든 움직임을 보이게 된다는 원리입니다. 공 자체가 살아서 움직이는 듯한 느낌을 받게 되죠. 야구의 너클볼과 같은 원리입니다.

감아 차기, 무회전 킥, 커브, 너클볼. 공이 왜 휘거나 흔들리는지 원리를 이해하니까 훨씬 더 재미있죠?

가슴의 일장기를 지우고

나는 대한의 손기정이다!

#우리 민족 최초 올림픽 금메달

사교성	■■■■□□
천재성	■■■■■□
노력	■■■■■■
행복	■■■■■□
수명	■■■■■■

12

나라 잃은 민족의 자부심
손기정

1912~2002

평안북도 신의주시 출생
마라톤 선수, 마라톤 지도자, 스포츠 행정가

특이사항

2시간 30분의 벽 돌파, 선수 발굴의 귀재
스포츠 발전에 바친 평생

1936년 8월 9일 독일 베를린 올림피아슈타디온. 42.195킬로 미터를 달려온 첫 번째 주자가 모습을 드러내자 경기장은 환희와 열광으로 가득 찼습니다. 그의 이름은 손기정이었고, 짧게 깎은 머리에 단단한 체구가 돋보이는 선수였습니다. 그는 지친 기색을 드러내지 않고 끝까지 힘차게 달려 2시간 29분 19초라는 세계 신기록을 세우며 결승선을 통과했습니다. 당시 마라톤은 2시간 30분이 인간의 한계로 여겨졌으니 놀라운 기록이었습니다. 손기정은 세계 최초로 2시간 30분 벽을 깬 마라톤 선수이자 세계 신기록으로 베를린 올림픽을 제패한 우리 민족 최초의 올림픽 금메달리스트가 되었습니다.

그러나 그는 나라 잃은 민족의 불운한 선수였습니다. 그의 우승 소식이 전해지자 망국의 한에 시름을 앓던 이 땅의 민중은 소리 없이 흐느꼈습니다. 그 눈물에는 설움과 기쁨이 함께 섞여 있었어요. 소설 《상록수》의 저자 심훈은 자신의 시 〈오오, 조선의 남아여!〉에서 '붓을 달리는 이 손은 형용 못할 감격에 떨린다! 인제도 인제도 우리를 약한 족속이라고 부를 터이냐'라는 글로 손기정이 거둔 우승의 감격을 표현했습니다.

시상대에서 고개를 숙인 이유

손기정이 우승한 베를린 올림픽의 마라톤 시상식 사진은 한국 근대 스포츠를 상징합니다. 시상대에는 2시간 31분 42초로 동메달을 받은 남승룡도 함께 올랐죠. 그런데 사진 속에서 월계관을 쓴 손기정은 굳은 얼굴로 고개를 숙이고 있습니다. 그의 가슴에는 태극기가 아닌 일장기가 새겨져 있었습니다. 시상식에는 일장기가 게양됐고 기미가요가 울려 퍼졌죠. 베를린에서 그는 일본 선수 '기테이 손'이었습니다. 사진 속 그의 어두운 표정은 내 나라를 대표해 달리지 못했다는 설움, '기테이 손'이 아니라 손기정으로 달리지 못했다는 한을 여실히 드러냈습니다. 우승 직후 전화로 연결된 〈조선일보〉 동경지국장과의 인터뷰에서 손기정은 자신의 속마음을 있는 그대로 드러냈습니다.

"기쁘기도 기쁘나 실상은 웬일인지 이기고 나니 기쁨보다도 알지

1936년 베를린 올림픽 남자 마라톤 시상대에 선 손기정과 남승룡

못할 설움만이 가슴에 북받쳐 오르며 울음만이 나옵니다. 남 형도 역시 나와 같은 모양입니다. 그래서 우리 둘이 사람 없는 곳에 가서 남몰래 서로 붙들고 몇 번인가 울었습니다.”

우승 직후 손기정이 친구에게 보낸 엽서에는 ‘슬프다’라는 단 세 글자만이 적혀 있습니다. 금메달을 딴 선수와는 어울리지 않는 서러움이 느껴지죠? 그는 자신이 ‘기테이 손’이 아닌 조선인 '손기정'이라는 것을 알리고 싶었습니다. 일본의 지배를 받는 조선을 알리는 것은 위험한 행동이었지만, 손기정은 우승 후 베를린 곳곳에서 사인을 요청받을 때마다 국적을 'KOREA'로, 이름을 '손긔졍'으로 적었습니다. 그가 남긴 베를린 올림픽 기념 공식 엽서 뒷면에는 'marathon, K. Son, 손긔졍. KOREAN, 1936. 15. 8' 이라는 친필 서명이 남아 있습니다.

가슴에서 일장기를 지우다

〈조선일보〉는 1936년 8월 11일 보도에서 손기정과 남승룡이 우리 민족의 힘과 능력을 보여 주었다며 손기정의 우승을 축하하고, 우리 모두가 자신감을 가지고 평화 운동에 나서자는 주장을 펼쳤습니다. 여기서 평화 운동이란 바로 '독립'을 뜻하는 것입니다.

손기정의 금메달은 조선의 성취이자 자긍심과 같았습니다. 〈조선중앙일보〉와 〈동아일보〉는 손기정의 우승 소식을 전하며 독립을 향한 염원을 드러냈어요. 기자들은 특히 시상식 사진에서 더욱 큰 용기를 발휘했습니다. 1936년 8월 13일 〈조선중앙일보〉는 시상대에 선 손기정의 가슴에서 일장기를 지운 사진을 게재했습니다. 〈동아일보〉 역시 8월 25일 석간신문에 실린 손기정의 사진에서 일장기를 없앴어요. 이것이 그 유명한 '일장기 말소

사건'입니다. 〈동아일보〉의 일장기 말소를 주도했던 이길용 기자는 "손기정이 우리 민족, 우리 대한의 아들임을 보여 주기 위해 일장기를 말소했다"라고 증언했습니다.

일장기를 없앤 파장은 컸습니다. 일제 경기도 경찰부는 〈동아일보〉 사회부장, 운동부장을 취조해 고의로 사진을 삭제한 사실을 알아낸 뒤 〈동아일보〉에 무기한 발행 정지 처분을 내렸습니다. 〈조선중앙일보〉는 무기한 발행 정지 이후 계속된 탄압을 받아 결국 폐간에 이르렀고요. 그리고 손기정은 이 사건으로 인해 더 이상 마라톤을 할 수 없게 되었습니다. 일제는 조선의 영웅으로 떠오른 손기정을 철저하게 감시하기 시작했습니다. 보성전문학교에 입학한 손기정이 입학 환영회에 참가하려 하자 이 환영회를 비밀 집회라는 이유로 금지할 정도였죠.

베를린 올림픽을 제패했을 당시 손기정은 24세의 젊은 청년이었습니다. 선수로서 최정상을 달릴 나이였죠. 그러나 일제는 조선인이 손기정의 뛰는 모습을 더 이상 보지 못하도록 그를 강제로 은퇴시켰습니다. 이러한 억압과 감시를 견디지 못한 손기정은 보성전문학교를 중퇴한 뒤 일본 메이지 대학교에 입학해 1940년 졸업했습니다. 메이지 대학교에 입학하는 조건은 다시는 마라톤을 하지 않는다는 것이었습니다.

1936년 베를린 올림픽 출전 선수로 선발된 일본과 조선 선수들.
왼쪽부터 남승룡, 시와쿠 타마오, 스즈키 후사시게, 손기정

가난한 소년이 마라톤 영웅이 되기까지

손기정은 1912년 평안북도 신의주에서 3남 1녀 중 막내로 태어났습니다. 신의주는 추운 지방이어서 아이들이 스케이트를 즐겨 탔습니다. 축구도 아이들 사이에서 인기였죠. 그러나 소년 손기정은 가난 때문에 스케이트화도 축구공도 살 수 없어서 달리기를 선택할 수밖에 없었습니다. 손기정은 훗날 "내가 마라톤을 시작한 것은 보통학교 5학년 되던 해였다. 어떤 아이들은 스

손기정

케이트를 타고 어떤 아이들은 야구와 축구를 했지만 가난했던 나는 돈 드는 운동은 아예 배울 수가 없었다. 맨발과 셔츠 하나면 달릴 수 있는 마라톤에 발을 들여놓은 것도 다 이 때문이었다"라고 회고했습니다.

약죽보통학교를 졸업한 손기정은 육상 선수로서의 재능을 인정받아 신의주상업학교로부터 입학을 제안받았습니다. 그러나 손기정은 어려운 가정 형편 때문에 상급 학교 진학은 꿈도 꿀 수 없었고 학교가 아닌 압록강 인쇄소, 그 후엔 동익상회에 취직해 돈을 벌어야 했습니다. 그러나 고된 일을 하면서도 달리기를 그만둘 수는 없었습니다. 자신이 가장 잘 할 수 있는 일이 달리기라는 것을 깨달았기 때문이에요. 틈나는 대로 달리기 연습을 한 손기정은 1931년 시민대운동회 마라톤에 출전해 2등을 하는 쾌거를 이루었고, 주위의 권유를 받아 조선신궁경기대회의 지역 예선에도 출전했습니다. 조선신궁경기대회는 일본이 실력이 뛰어난 조선인 운동선수를 선발하기 위해 개최한 대회였습니다. 이 대회에서 좋은 성적을 거둔 선수는 1920~1940년대 일본 최대의 종합체육대회였던 메이지신궁대회에 출전할 수 있었죠. 그럼 이 대회에 첫 출전한 손기정의 성적은 어땠을까요? 손기정은 5,000미터 달리기에 평안북도 대표로 참가해 16분 18초 5라는 좋은 기록으로 우승을 차지했습니다. 이듬해 경영마라톤에서는

2등을 차지한 뒤 실력을 인정받아 양정고등보통학교에 입학하게 되었죠.

양정고등보통학교(양정고보) 입학은 손기정의 인생에서 매우 중요한 전환점이었습니다. 양정고보는 당시 조선 최고의 육상 명문 학교였거든요. 이 학교에서 조선 최고의 육상 선수들과 함께 훈련한 결과 손기정은 조선신궁경기대회와 메이지신궁경기대회, 전일본마라톤대회 등에 참가해 3번의 비공인 세계 신기록을 수립하며 마라톤 1인자로 우뚝 성장했습니다.

한편 조선인은 1932년 로스앤젤레스 올림픽부터 올림픽에 출전했습니다. 마라톤에 출전한 김은배가 6위, 권태하가 9위를 기록했는데 올림픽 후 서던캘리포니아 대학교에서 유학 중이던 권태하는 손기정의 인생을 뒤바꾼 한 통의 편지를 보냈습니다.

"손기정 군. 나는 올림픽에 출전했으나 실패했네. 이제 다시 시작하려니 너무 늦은 감이 없지 않아. 나는 손 군과 함께 연습하며 손 군이 가진 뛰어난 마라톤 소질을 보았네. 손 군이라면 틀림없이 세계 마라톤을 제패할 수 있다고 생각하네. 지금부터라도 어떤가. 정식 마라톤을 시작하게. 그래서 꼭 세계 마라톤을 제패해 저 일본 사람들의 콧대를 눌러 주게."

손기정은 "권태하 선배의 편지는 내가 베를린 올림픽을 인생 최대의 결전지로 목표를 정하게 된 결정적인 요인이었다. 그 편지가 없었다면 양정고보 재학 중 그렇게 열심히 마라톤을 하지는 않았을 것이다"라고 밝혔습니다. 실제로 1933년 권태하의 편지를 받기 전까지 손기정은 중장거리인 5,000미터, 10,000미터에 주로 출전했는데, 편지를 받은 이후 마라톤에 집중하게 되었어요.

못다 이룬 꿈을 이루다, 마라톤 최강국 대한민국!

손기정은 올림픽을 제패했지만 일제의 탄압으로 24살 젊은 나이에 마라톤을 그만둬야 했습니다. 그러나 그는 마라톤 유망주를 길러 내는 데 힘을 쏟아 자신의 못다 이룬 꿈을 후배들을 통해 이뤄 냈습니다. 동료 스포츠인들과 함께 1945년에는 조선육상경기연맹을 창설했고. 이듬해인 1946년에는 마라톤 보급회를 조직했죠. 이러한 노력으로 1947년 보스턴 마라톤에서 우승을 차지한 서윤복과 1950년 보스턴 마라톤에서 나란히 1, 2, 3위를 차지한 최윤칠, 함기용, 송길윤을 발굴해 냈습니다. 손기정은 선수들을 직접 지도했을 뿐 아니라 자기 집에 합숙소를 만들고 사비를 들여 가며 선수들을 재우고, 입히고, 먹였습니다. 서윤복과 함기용은 "먹고 살기 어려웠던 시절 선생님은 돈암동 자택에서 어린 선수들을 재우고 먹이며 손수 합숙 훈련을 시켰다. 그러다 보니 늘 쪼들려 여기저기 후원금을 받으러 다녀야 했다. 그럼에도 조국을 위해 뛰라고 하시며 우리와 함께 돈암동 언덕길을 오르내렸다"라고 과거를 회상했습니다.

한국전쟁 후에 손기정은 이창훈을 발굴해 1956년 멜버른 올림픽 4위, 1958년 도쿄 아시안게임 우승으로 이끌며 1940~1950년대 대한민국 마라톤의 황금기를 열었습니다. 그리고 2002년 세상을 떠나기 전까지 대한육상경기연맹 부회장, 아시안게임 선수단장, 대한올림픽위원회 위원, 88서울올림픽조직위원회 위원 등을 역임하며 평생을 스포츠 발전을 위해 활동했습니다.

1936년 이후 52년 만인 1988년 서울 올림픽 개막식에서 손기정은 트랙 위에 다시 섰습니다. 개막식의 성화 주자로 잠실 주경기장 트랙을 뛴 것입니다. 서울 올림픽 개막식에서 성화봉을 들고 춤을 추듯 달리는 백발의 손기정의 얼굴에서 베를린 올림픽 시상대 가장 높은 곳에서 고개를 숙인 청년 손기정의 모습이 겹쳐 보였습니다. 그는 온갖 정치적 억압과 폭력 속에서도 평생을 꿋꿋이 달렸던 스포츠인이었습니다.

케냐가 마라톤 왕국으로 성공한 비결은?

마라톤 세계 기록은 지금까지 얼마나 단축되었을까요? 현재 마라톤 세계 기록은 2시간 0분 35초입니다. 케냐의 켈빈 키프텀이 2023년 시카고 마라톤에서 수립했죠. 종전 세계 기록 보유자는 엘리우드 킵초게였는데요. 킵초게도 역시 케냐 출신입니다. 2023년 보스턴 마라톤에선 1위부터 6위까지 중 무려 4명이 케냐 선수였는데요. 우승을 차지한 에번스 체벳도 케냐 선수였습니다. 마라톤 하면 단연 케냐인 거죠. 그럼 궁금해집니다. 케냐는 왜 이렇게 마라톤을 잘할까요?

과학자들도 케냐 선수들이 마라톤을 잘하는 이유가 궁금했습니다. 그래서 케냐가 마라톤에 강한 이유를 연구했는데요. 한 가지 비밀이 밝혀졌습니다. 바로 고원지대입니다. 케냐의 유명 선수들은 대부분 칼렌진 지역 출신인데요. 해발 평균 고도가 1,600미터나 되는 케냐에서도 칼렌진은 해발 2,000미터가 넘는 고원지대입니다. 아주 오래전부터 칼렌진 지역 사람들은 2,000미터 이상의 고지대에서 뛰고 달리다 보니 신체적으로 장거리 달리기에 특화됐다는 거죠. 고지대일수록 산소가 희박하기 때문에 칼렌진 사람들은 산소를 공급하기 위한 심폐기능이 특히 발달했던 겁니다. 또 이들에겐 소 떼를 훔쳐 오는 문화가 있어서 소 떼를 몰고 먼 거리를 빠르고 안전하게 달릴 수 있는 남성이 영웅으로 추앙받다 보니 케냐인들은 하체가 긴 신체적 특징을 갖고 있기도 합니다. 케냐는 1960년대부터 육상 장거리에서 두각을 나타냈는데요. 별다른 산업이 발달하지 못한 케냐의 사회적 환경에서 마라톤 하나만 잘해도 큰돈을 벌고 성공할 수 있었기 때문에 많은 젊은 이들이 마라톤에 도전했습니다. 그 결과 오늘날의 마라톤 왕국 케냐를 건설할 수 있었던 겁니다. 2024년 2월 기준 국제육상경기연맹(IAAF) 마라톤 세계 랭킹 1위부터 4위까지가 모두 케냐 선수입니다.

Q1.

사람들은 흔히 스포츠를 오락거리 정도로 생각합니다. 그런데 여기 소개된 인물들의 삶을 보면 생각이 달라질 것 같아요. 유희에서 시작된 스포츠가 인권 운동의 중요한 창구가 되었던 데에는 어떤 이유가 있을까요?

스포츠는 우리의 일상입니다. 우리는 미디어를 통해 지속적, 반복적으로 스포츠를 보고 듣습니다. 그래서 스포츠는 종종 주요 이슈로 떠오르죠. 바꿔 말하면 스포츠는 미디어를 통해 우리 사회에 강력한 파급력과 영향력을 발휘하고 있다는 겁니다. 스포츠는 많은 사람의 이목을 끄는 힘을 갖고 있습니다. 월드컵이, 올림픽이, 때로는 세계선수권대회가 인권을 널리 알릴 수 있는 무대가 되는 거죠. 윌마 루돌프, 제시 오언스, 캐서린 스위처가 그랬듯 말이죠. 이들은 차별과 장애, 빈곤을 딛고 일어선 감동의 주인공입니다. 어쩌면 이들은 스포츠가 아니었다면 도전해 볼 기회조차도 얻지 못했을 겁니다. 스포츠를 통해 도전을 배운 이들이 차별을 넘어서고자 했을 때 스포츠는 이들에게 우리가 사는 세상으로 나아갈 기회를 만들어 줬다고 할 수 있습니다.

Q2.
책 속의 인물 가운데 미처 다 적지 못한 이야기가 남은 인물 또는 소개하고 싶었지만 지면상 싣지 못했던 인물이 있나요?

마음 한가득 아쉬움이 있죠. 더 하고 싶었던 얘기들, 더 알리고 싶었던 인물들이 많이 있습니다. 더 하고 싶었던 이야기부터 해보면, 본문에 소개한 스포츠 영웅들은 공통점을 갖고 있습니다. 첫째는 이들에겐 용기와 지혜를 주었던 누군가가 있었다는 것이고요. 두 번째는 이들은 대부분 은퇴 후 자신의 이름을 딴 재단을 설립해 공동체의 발전에 긍정적인 영향을 미쳤다는 겁니다. 이 두 가지 공통점의 출발점은 '누군가'인데요. 재단설립도 혼자서는 할 수 없는 일입니다. 선한 영향력에 공감한 많은 사람이 함께했기 때문에 가능한 거죠. 결국 '이 세상은 함께 살아가는 곳'임을 알 수 있습니다. 누군가 나에게 용기를 주고 내가 또다시 다른 누군가의 희망이 되는 것이 바로 선한 영향력입니다. 또 우리 역사 속의 스포츠 영웅들을 더 소개하지 못해 아쉬움이 남습니다. 손기정, 김성집 선수처럼 일제강점기나 해방 후 전쟁을 겪었던 그 어려웠던 시절에도 스포츠를 통해 희망을 잃지 않았던 영웅들이 더 많이 있었거든요.

Q3.
책 속 인물들 개개인의 인생사가 영화나 소설 같습니다. 그들 중 한 명의 일생을 영화나 드라마로 만든다면 누구의 이야기가 좋을까요?

사실 본문 속 주인공들의 스토리는 대부분 영화화됐습니다. 제시 오언스, 손기정, 토미 스미스와 존 카를로스, 최동원, 빌리 진 킹 등의 삶은 이미 영화, 드라마, 다큐멘터리로 제작됐죠. 이 밖에도 인권, 평등, 평화와 같은 보편적 가치를 담은 스포츠 영화는 많이 있습니다. 〈불의 전차〉, 〈당갈〉, 〈더 베스트 오브 맨〉, 〈영광의 아이들〉 등 열거하기 힘들 정도죠. 시대와 도전, 고난과 극복의 서사가 담긴 스포츠 영웅들의 이야기는 여러 미디어 콘텐츠의 중요한 소재가 됩니다. 팟캐스트를 통해 '할리우드가 사랑한 조선의 복서 서정권'을 소개하자 영화제작자가 제게 찾아와 영화를 만들고 싶다고 할 정도였습니다. '동해 바다를 건너 온 꿈,

교토국제고 야구부'는 다큐멘터리로 소개됐지만 영화로 제작하면 좋겠다는 생각이 듭니다. 재일교포와 조선학교의 역사가 담겨 있고요. 야구라는 승부가 있고 또 교토국제고 일본인 학생 선수들도 한국어 교가를 함께 부른다는 점에선 충분히 미래지향적, 화합의 메시지를 전달할 수 있기 때문입니다.

Q4.
한순간의 선택으로 선수직을 박탈당하고 평생 불명예스럽게 살아야 했던 인물들이 여럿 나옵니다. '만약'이라는 건 없다고 하지만, 선수 생활을 계속했다면 가장 큰 변화를 일으켰을 인물을 1명 꼽는다면 누가 있을까요?

가장 안타까운 영웅은 손기정입니다. 선수로서 한창 전성기를 누릴 24살 나이에 일제에 의해 강제로 마라톤을 그만둬야 했기 때문입니다. 피 끓는 젊은이의 가슴엔 말 못 할 한이 쌓였을 겁니다. 손기정은 세계 최초로 2시간 30분 벽을 깬 마라토너입니다. 베를린 올림픽에서 세계 신기록으로 우승했죠. 양정고보 재학 시절엔 비공인 세계 신기록을 3번이나 수립할 정도로 천부적인 자질을 가진 선수였습니다. 아마 지금 세상에 태어났다면 마음껏 자신의 재능을 발휘하며 월드 스타로 대접받았을 겁니다. 마음껏 달리지 못했다는 가슴 속 한의 밑바닥엔 나라 잃은 설움이 있었을 겁니다. 왜 손기정이 그토록 후배들에게 '대한민국을 대표해 뛴다'라고 강조했는지 충분히 이해가 갑니다. 시대를 뛰어넘지 못한 불운한 마라토너였지만 손기정의 삶 자체는 우리에게 큰 울림을 줍니다.

Q5.

아무래도 대입 입시에 포함되지 않는 과목이라 우리나라는 체육 교육을 덜 중요하게 생각하는 경향이 있는 것 같습니다. 미국이나 유럽 등 선진국을 보면 어려서부터 체육과 함께 자라도록 교육하고 있고요. 자라나는 청소년에게 체육 교육이 중요한 이유는 무엇이고, 우리 사회는 스포츠에 대해 어떤 자세를 취하면 좋을까요?

우리에겐 조선의 유학적 전통에서 비롯된 숭문배무(崇文排武) 사상이 있습니다. 문을 숭상하고 무를 경시한다는 뜻인데요. 조선 건국 초기 엘리트에겐 무인적 자질을 겸비한 사대부가 많이 있었지만 조선 중기로 넘어가면서 조선의 사대부는 무를 경시해 문약해졌습니다. 한편 미국과 유럽에서는 노블레스 오블리주(noblesse oblige) 전통에 따라 엘리트들에게 도덕적 의무를 교육하고 있죠. 미국과 유럽의 엘리트에겐 특히 스포츠가 강조되는데요. 그 이유는 스포츠가 리더십과 희생정신, 존중과 배려심을 가장 생생하게 체험할 수 있는 교육이기 때문입니다. 스포츠는 다양한 의미로 해석되고 강조될 수 있지만 청소년과 관련해선 스포츠의 교육적 가치가 가장 중요한데요. 스포츠를 통해 바른 인성과 튼튼한 신체를 갖출 수 있기 때문이죠. 우리가 사는 세상이 좀 더 밝아지기 위해선 청소년에게 좀 더 많은 스포츠 교육을 제공해야 합니다.

Q6.

운동, 스포츠와 함께 몸이 건강한 삶을 지향하다 보면 마음도 함께 건강해진다고 생각합니다. 청소년 독자에게 추천하시고픈 생활체육, 또는 즐겨 보기 좋은 스포츠 종목이 있을까요?

특별히 한 종목을 추천하긴 어렵네요. 모든 운동과 스포츠는 청소년의 몸과 마음이 바르게 성장하도록 도와줍니다. 스스로 흥미를 느끼는 운동 또는 주변 환경에서 쉽게 접할 수 있는 스포츠를 시작하라고 권유하고 싶습니다. 피트니스, 테니스, 육상, 수영도 물론 좋지만 굳이 추천한다면 축구, 야구, 농구 같은 단체 종목을 권유하고 싶습니다. 단체 종목 경기에선 누군가는 골을 넣고 누군가는 골을 넣을 수 있게 도와주는 역할을 합니다. 또 누군가는 궂은일을 해야 합니다. 내가 주인공이 되지 않을 수도 있죠. 즉 단체 종목에서는 내가 아닌 우리가 이기기 위해 역할을 분배하고 각자의 자리에서 최선을 다하는 경험을 할 수 있습니다. 승리는 이기기 위해 승패에 매달려야 얻을 수 있는 것이 아니라 각자가 자신의 역할에 충실하고 서로 협력함으로써 얻을 수 있다는 교훈을 깨달을 수 있죠.

Q7.

정정당당함, 정직함, 성실함이 가장 큰 가치인 스포츠계에 승부조작, 금품수수와 같은 불미스러운 일들이 자꾸만 발생합니다. 이 책 속 인물들의 삶과는 전혀 다른 모습이죠. 여기에 관해 청소년 독자들에게 한 말씀 부탁드립니다.

모든 문제의 근원엔 돈이 있습니다. 물질 혹은 돈을 최고로 여기는 천박한 의식이 적지 않은 이들을 지배하고 있죠. 어려운 말로 '천민자본주의'라고 하는데요. 스포츠가 지나치게 상업적으로 발전하다 보니 모든 게 돈의 원리로 작동되고 있습니다. 메이저리그, 프리미어리그 같은 프로리그도 근본적으로는 스포츠 산업이기 때문에 돈의 원리에 의해 작동됩니다. 그러므로 스포츠의 본질적 가치보다는 흥행과 수익을 목표로 운영될 수밖에 없습니다. 이러다 보니 '프로는 돈', '승리 지상주의', '과정보다 결과'와 같은 경쟁 위주의 잘못된 논리가 스포츠의 정신세계를 지배하게 됐는데요. 그 부작용이 바로 승부조작, 도핑, 선수들의 일탈 행위입니다.

자본주의 체계에서 상업화, 산업화된 스포츠를 부인할 순없습니다. 그러나 돈이 전부는 아니죠. 또 이기는 것이 전부는 아닙니다. 프로 선수들에겐 명예에 걸맞는 사회적 책임감과 직업윤리가 강조되고 있습니다. 손흥민이 왜 손흥민일까요? 단순히 축구를 잘해서는 아니죠. 존중과 배려의 아이콘, 그의 품성이 우리를 더 감동하게 만드는 것입니다.

중학교

사회1
VII. 사회 변동과 사회 문제

  1. 현대사회의 변동

  3. 현대 사회의 사회 문제

사회2
I. 인권과 헌법

  1. 현대사회의 변동

  3. 현대 사회의 사회 문제

역사1
V. 세계 대전과 사회 변동

  1. 제1차 세계 대전과 국제 질서의 변화

  2. 대공황의 발생과 제2차 세계 대전

역사2
VI. 근·현대 사회의 전개

  1. 국민 국가의 수립

고등학교

한국사
III. 일제 식민지 지배와 민족 운동의 전개

  5. 전시 동원 체제와 민중의 삶

IV. 대한민국의 발전

  2. 대한민국 정부의 수립

세계사
V. 제국주의와 두 차례의 세계 대전

  2. 두 차례의 세계 대전

VI. 현대 세계의 변화

  2. 21세기의 세계

통합사회
IV. 인권 보장과 헌법

  3. 국내 인권과 세계 인권 문제

VI. 사회 정의와 불평등

  3. 다양한 불평등 문제와 해결 방안

책

고원정, 《영원한 올림피언 김성집》, 대한체육회 ,2012

나탈리 코프만 켈리파, 이원희 역, 《최악의 여성, 최초의 여성, 최고의 여성》, 작가정신, 2017

노기창, 《이야기한국체육사 인물편②-복싱 사각 링에 펼쳐진 인생들》, 산하미디어, 2002

데버러 헬먼, 《차별이란 무엇인가?》, 서해문집, 2016

레이첼 스와비·키드 폭스, 이순희 역, 《마라톤 소녀 마이티 모》, 학고재, 2021

손기정, 《나의 조국 나의 마라톤》, 학마을B&M ,2012

이대택, 《1948년 런던올림픽 한국선수단》, 스포츠문화연구소, 2012

이영만, 《공 하나에 얽힌 10만 가지 사연》, 자작나무, 1998

이학래, 《한국현대체육사》, 단국대학교출판부, 2008

정범준, 《거인의 추억》, 실크캐슬, 2008

조동표, 《역도1 순간의 힘을 모아(이야기 한국체육사8)》, 국민체육진흥공단, 1998

천정환, 《끝나지 않은 신드롬》, 푸른역사, 2005

캐슬린 크럴, 김재영 역, 《윌마 루돌프 소아마비 소녀가 세상에서 가장 빠른 여성이 되기까지》, 미래아이(미래M&B), 2007

Judith Swaddling, The ancient Olympic games, University of Texas Press, 2000

논문

박현우·나영옥, <스포츠세계에서 성차별의 양태와 극복에서 제약 연구>, 움직임의

철학: 한국체육철학회지, 제21권 제1호, pp.77~95, 2013

손환, <손기정의 생애와 스포츠활동에 관한 연구> 한국체육학회지, 제13권 제2호, pp.3~15, 2004

손환·하정희, <손기정의 민족의식 형성에 관한 연구>, 한국체육학회지, 제52권 제2호, pp.19~28, 2013

이혁기, <스포츠영화「빌리 진 킹: 세기의 대결」의 전개구조와 이데올로기적 담론>, 한국사회체육학회지, 제72호, pp.267~280, 2018

임석원·조문기, <일제강점기 '복싱의 신' 서정권의 삶>, 한국웰니스학회지, 제12권 4호, pp.331~341, 2017

최승보, <대한민국 최초의 올림픽 메달리스트 김성집의 체육활동에 관한 연구>, 2019

허진석, <손기정의 베를린올림픽 마라톤 경기 내용 연구>, 한국체육사학회지, 제18권 제3호, pp.1~16, 2013

사이트

교토국제고 홈페이지 https://kyoto-kokusai.ed.jp/kr/
국제엠네스티 한국지부 홈페이지 https://amnesty.or.kr/
보그스패밀리재단 홈페이지 https://boguesfoundation.org/
빌리 진 킹 닷컴 https://www.billiejeanking.com
스카이스포츠 홈페이지 https://www.skysports.com/
웨이크 포레스트 스포츠 명예의 전당 홈페이지 https://godeacs.com/index.aspx
윌마 루돌프 공식 웹사이트 http://wilmarudolph.com/
제시 오언스 기념관 홈페이지 http://jesseowensmemorialpark.com/wordpress1/
제시 오언스 홈페이지 http://www.jesseowens.com/
캐서린 스위처 홈페이지 https://kathrineswitzer.com
테네시역사문화백과사전 홈페이지 https://tennesseeencyclopedia.net/
호주방송공사 홈페이지 https://www.abc.net.au/news/
ESPN 홈페이지 https://www.espn.com/

신문, 잡지 기사

<가을의 전설 최동원, 가을과 야구인생을 말하다>, 스포츠2.0, 2006.10.2.

<감동 발편지 전민재 동생 "누나, 이젠 맘껏 웃어">, 노컷뉴스, 2014.10.22.

<전민재 씨, 못생겼다뇨? 아름답습니다>, 머니투데이, 2014.10.25.

<"더 이상 장애물은 없다" 전민재 금빛 질주> 한국일보, 2014.10.19.

<무적 서정권 대회광경>, 삼천리, 1936년 1월호

<신고선수 신화의 주인공 이지영, 그가 언드래프티에 전한 메시지 "포기하지마">,
  MK스포츠, 2022.9.27.

<부산, 가고 싶지요. 하지만 난 지금 한화 사람>, 중앙일보, 2008.7.3.

<조선의 자랑, 권투계 양 선수>, 동아일보, 1931.8.22.

<최동원의 눈물>, 프로야구, 1986년 10월호

<학생들의 땀·하나님 은혜로 큰 성과>, 국민일보, 2021.9.1.

<한국계 고교 첫 '고시엔 4강' 교토국제고 감독… 비결은 좁은 운동장?>, 한국일보,
2021.9.1.

<교토국제고의 쾌거>, 동아일보, 2021.3.25.

Bobkuska, From Way Downtown, <Everything You Wanted to Know about
Muggsy Bogues—But Weren't Afraid to Ask, 1987>, 2021.6.18.

Frank Litsky, <Wilma Rudolph, Star of the 1960 Olympics, Dies at 54, The
New York Times>, 2017.3.21.

Hilary Whiteman, <Apology urged for Australian Olympian in 1968 black
power protest>, CNN, 2012.8.21.

James Montague, <The third man: The forgotten Black Power hero>, CNN,
2012.4.25.

Jerry Bembry, andscape.com, <Muggsy Bogues is thrilled to see the story of
his Dunbar team on screen>, 2017.8.18.

Jerry Brewer, <Protesters often win history's long game. Ask Tommie Smith
and John Carlos> The Washington Post, 2018.10.20.

M.B. Roberts, <Rudolph ran and world went wild>, ESPN.com, 2017.3.31.

Matilda Egere-cooper, <Jesse Owens: Light in the Darkness>, RUNNER'S WORLD, 2021.10.14.

MIchael Graff, espn.com, <How Muggsy Bogues saved his brother's life, and found the meaning of his own>, 2019.2.15.

Steve Bourdo, <On This Day 35years ago: Jesse Owens Sets 6 Records in 45mins in AnnArbor>, wkfr.com, 2022.5.24.

University of Arkansas Press, <The Greatest High School Basketball Team Ever>, 2016.8.12.

다큐멘터리

레니 리펜슈탈, <올림피아 I – 민족의 제전>, 1936

사진 출처

98쪽 www.imdb.com

106쪽 www.mentalfloss.com

108쪽 www.visitclarksvilletn.com

112쪽 ⓒFanny Schertzer; 위키미디어

117쪽 www.paralympic.org

135쪽 ⓒ국제엠네스티

142쪽, 148쪽 ⓒ연합뉴스

158쪽, 162쪽 ⓒ교토국제고

166쪽 ⓒ재일본대한민국민단

176쪽 www.theolympians.co

다른 포스트

뉴스레터 구독

인권을 들어 올린 스포츠 선수들

한계를 정면 돌파한 12명의 올타임 레전드

초판 1쇄   2024년 2월 29일

지은이   최동호

펴낸이   김한청

기획편집   원경은 차언조 양희우 유자영
마케팅   현승원
디자인   이성아 박다애
운영   설채린

펴낸곳 도서출판 다른
출판등록 2004년 9월 2일 제2013-000194호
주소 서울시 마포구 동교로 27길 3-10 희경빌딩 4층
전화 02-3143-6478 팩스 02-3143-6479 이메일 khc15968@hanmail.net
블로그 blog.naver.com/darun_pub 인스타그램 @darunpublishers

ISBN 979-11-5633-606-8 44000
    979-11-5633-437-8 (세트)

 다른 생각이
다른 세상을 만듭니다